PAGODA
토익
스피킹
마리아 김, 폴린 C. 한 지음
초급
개정판
Level
5&6
PAGODA Books

PAGODA
토익
스피킹 초급 개정판

초 판 1쇄 발행 2012년 5월 31일
개정판 8쇄 발행 2021년 9월 23일

지 은 이 | 마리아 김, 폴린 C. 한
펴 낸 이 | 고루다
펴 낸 곳 | Wlt&Wisdom 도서출판 위트앤위즈덤
임프린트 | **PAGODA Books**
출판등록 | 2005년 5월 27일 제 300-2005-90호
주　　소 | 06614 서울특별시 서초구 강남대로 419, 19층(서초동, 파고다타워)
전　　화 | (02) 6940-4070
팩　　스 | (02) 536-0660
홈페이지 | www.pagodabook.com

저작권자 | ⓒ 2016 마리아 김, 폴린 C. 한, 위트앤위즈덤

이 책의 저작권은 저자와 출판사에 있습니다. 서면에 의한 저작권자와 출판사의 허락 없이
내용의 일부 혹은 전부를 인용 및 복제하거나 발췌하는 것을 금합니다.

ISBN 978-89-6281-712-6 (14740)

도서출판 위트앤위즈덤　　www.pagodabook.com
파고다 어학원　　www.pagoda21.com
파고다 인강　　www.pagodastar.com
테스트 클리닉　　www.testclinic.com

PAGODA Books는 도서출판 Wlt&Wisdom의 성인 어학 전문 임프린트입니다.
낙장 및 파본은 구매처에서 교환해 드립니다.

PAGODA 토익 스피킹 ^{초급 개정판}

최근에 TOEIC Speaking 시험의 Part 3와 Part 5에 새로운 유형이 추가되고, 출제 경향이 달라짐에 따라 그에 대비한 교재의 필요성이 커지게 되었고 대기업은 물론 많은 관공서와 외국계 회사에서 채용 시에 TOEIC 점수보다 실질적인 말하기 능력을 중시하게 되어 TOEIC Speaking 시험이 날로 중요해지고 있습니다.

이에 TOEIC Speaking 시험의 최신 유형을 철저히 분석하여 초급 학습자들이 토익 말하기 시험에 어떻게 접근해야 하는지 쉬운 단어와 패턴으로 친절하게 안내하는 콘텐츠로 구성된 교재를 출간하게 되었습니다.

이 교재는 영어에 자신감이 없는 학생이나 승진을 앞둔 직장인들이 쉬운 문장에서 길고 어려운 문장까지 기초를 다질 수 있도록 해주며, 각 상황에 맞는 답변과 새로운 유형의 문제를 익혀 시험 점수를 향상시킬 수 있도록 해줄 것입니다. 또한 이 교재는 초급 학습자들이 발음을 학습하고 기본적인 패턴을 익힐 수 있게 해주고 다양한 예문을 통해 시험뿐만 아니라 영어 말하기 실력 향상으로 이어지게 해 줄 것입니다.

저자 마리아 김, 폴린 C. 한

목차

책의 구성과 특징   006
온라인 모의고사 활용법   007
TOEIC Speaking 시험 소개   008
TOEIC Speaking 활용 사례   010

PART 1

Read a text aloud
문장 읽기

Step 1. 유형 파악하기   014
Step 2. 기초 다지기   019
Step 3. 유형별 연습   024
Step 4. 실전 연습   034

PART 2

Describe a picture
사진 묘사하기

Step 1. 유형 파악하기   038
Step 2. 기초 다지기   042
Step 3. 유형별 연습   046
Step 4. 실전 연습   062

PART 3 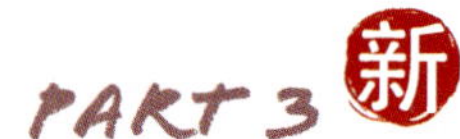

Respond to questions
설문조사에 답하기 혹은 지인과의 전화 통화

Step 1. 유형 파악하기   066
Step 2. 기초 다지기   071
Step 3. 주제별 연습   075
Step 4. 실전 연습   088

PART 4

Respond to questions using information provided
주어진 정보를 바탕으로 질문에 답하기

Step 1. 유형 파악하기   094
Step 2. 기초 다지기   099
Step 3. 유형별 연습   102
Step 4. 실전 연습   118

PART 5 

Propose a solution
전화 메시지에 대한 답변 메시지 남기기 혹은 회의 중 안건에 대한 의견 제시하기

Step 1. 유형 파악하기   122
Step 2. 기초 다지기   128
Step 3. 유형별 연습   132
Step 4. 실전 연습   148

PART 6

Express an opinion
의견 제시하기

Step 1. 유형 파악하기   152
Step 2. 기초 다지기   157
Step 3. 주제별 연습   159
Step 4. 실전 연습   172

ACTUAL TEST

Actual Test 1   176
Actual Test 2   186

ANSWERS & SCRIPT

책의 구성과 특징

Step 1 유형 파악하기

각 파트의 유형을 예시 문제로 제시하고, 각 파트의 특징, 핵심 전략, 자주 출제되는 지문 또는 문제의 유형에 관한 정보를 제공합니다.

Step 2 기초 다지기

각 파트에서 필요한 기초적인 지식을 체계적으로 배울 수 있는 틀을 제공합니다.

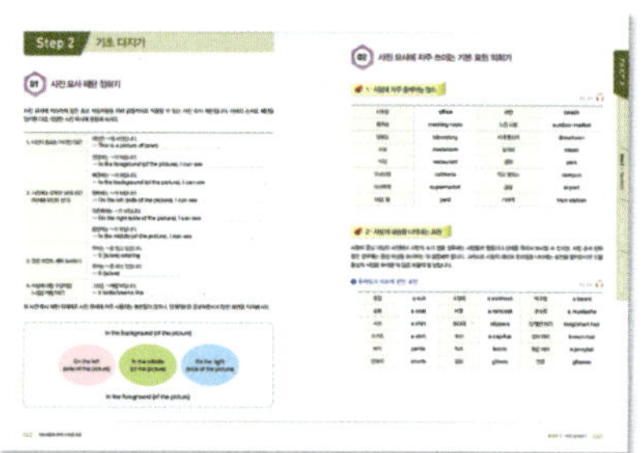

Step 3 유형별·주제별 연습

각 파트를 공략하는 전략과 함께 연습문제를 통해서 본격적인 스피킹 실력을 쌓는 집중 학습을 제공합니다.

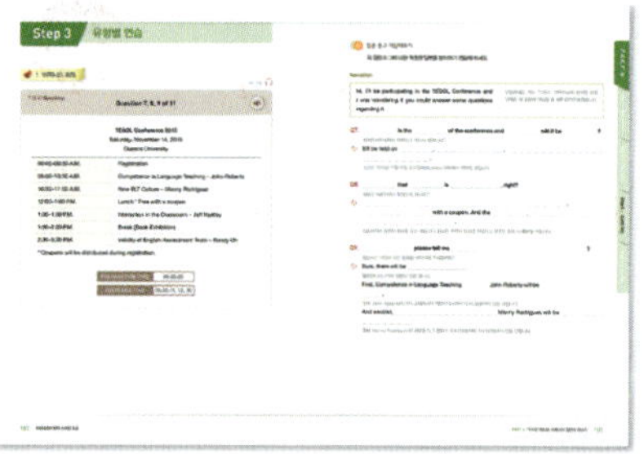

Step 4 실전 연습

각 파트의 학습이 끝난 뒤 학습자가 배운 내용을 종합적으로 적용해보는 실전 형식의 문제를 제공합니다. 각 파트의 실전 연습 문제들을 모아 Actual Test 2회분으로 풀어 볼 수 있게 하였습니다.

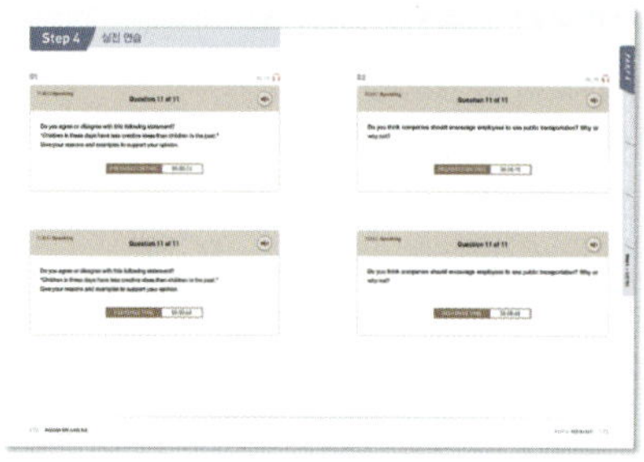

본 책에 수록된 ACTUAL TEST 2회분을 온라인에서 실제 시험 형식으로 TEST해 보세요.

※온라인 모의고사 이용 시, 헤드셋 세팅이 되어야 합니다. 

1 www.testclinic.com에 접속하세요.

로그인: 회원가입 무료
(파고다아카데미 회원은 별도의 회원가입이 필요 없습니다.)

2 홈페이지 메인 페이지 상단 메뉴에서 '교재인증 TEST'를 클릭하세요.

'교재인증 TEST'를 클릭하세요.
→ PAGODA 토익 스피킹 초급 클릭!

3 온라인 인증하기

책 뒤에 부여된 인증 번호를 입력 후, 확인 버튼을 눌러주세요.

4 온라인 시험 응시하기

PAGODA 토익 스피킹 초급 응시하기 클릭!

5 온라인 시험 결과보기

마이페이지 → 나의 성적 / 테스트 응시 → 교재인증 TEST

* 결과보기에서 모범답안을 무료로 제공합니다.
* 첨삭서비스는 별도로 제공됩니다. (유료 서비스)
* www.testclinic.com에서 추가 TOEIC SPEAKING 학습 서비스(유료)를 이용하실 수 있습니다.

TOEIC Speaking 시험 소개

TOEIC Speaking이란?

TOEIC Speaking은 국제적인 비즈니스 환경에서 영어로 효과적인 의사소통을 하는 데 필요한 능력인 '말하기 능력'을 측정하는 시험입니다. TOEIC Speaking은 구체적으로 아래와 같은 능력을 측정합니다.

- 영어권 원어민이나 영어에 능통한 비원어민과 이해하기 쉬운 말로 대화할 수 있다.
- 일상생활 또는 업무상 필요한 대화에서 적절하게 필요한 말을 선택하여 사용할 수 있다.
- 일반적인 업무 상황에서 계속적인 대화가 가능하다.

시험 구성

Part	문항	문제 유형	시간
Part 1	Questions 1-2	Read a text aloud (문장 읽기)	준비 시간 45초 답변 시간 45초
Part 2	Question 3	Describe a picture (사진 묘사하기)	준비 시간 30초 답변 시간 45초
Part 3 新	Questions 4-6	Respond to questions (설문조사에 답하기 혹은 지인과의 전화 통화)	준비 시간 없음 답변 시간 15/15/30초
Part 4	Questions 7-9	Respond to questions using information provided (주어진 정보를 사용하여 질문에 답하기)	지문 읽는 시간 30초 준비 시간 없음 답변 시간 15/15/30초
Part 5 新	Question 10	Propose a solution (전화 메시지에 대한 답변 메시지 남기기 혹은 회의 중 안건에 대한 의견 제시하기)	준비 시간 30초 답변 시간 60초
Part 6	Question 11	Express an opinion (의견 제시하기)	준비 시간 15초 답변 시간 60초

TOEIC Speaking 시행 방법

- TOEIC Speaking은 한국 토익위원회의 Computer-Based Test(CBT) 방식으로 실시합니다.
- ETS 인증 센터 네트워크를 통해 문제가 송신되는 것으로, 수험자는 기존의 TOEIC 시험과 같은 지필 방식이 아닌 컴퓨터 상에서 음성을 녹음하는 방식으로 시험을 치르게 됩니다.
- CBT 방식으로 효율적이고 표준화된 그리고 공정한 방법으로 수험자의 답변을 기록하고 시험 후 피드백을 할 수 있습니다.

TOEIC Speaking 시험 접수 및 성적 확인

TOEIC Speaking 시험 접수 및 성적 확인은 한국 토익위원회 웹사이트(www.toeic.co.kr)를 통해서 할 수 있습니다.

TOEIC Speaking 점수와 레벨

환산 점수(Scaled Score)는 0점에서 200점까지 10단위로 매겨집니다.

Scaled Score	Proficiency Level
190~200	8
160~180	7
130~150	6
110~120	5
80~100	4

기업 활용 사례

기업명	TOEIC Speaking 성적 활용
삼성	입사지원 시 TOEIC Speaking 성적 제출 필수 각 계열사 식군별 성적 활용 기준 상이(Level 4~7) 입사지원 기간 이내에 TOEIC Speaking 성적 필수 제출
LG	Sales/Marketing, Finance 지원 시 Level 6 이상 성적 제출 필수 입사 후 승진, 인사고과에 TOEIC Speaking 단독 실시
포스코	입사지원 시 TOEIC Speaking Level 6 이상 입사 후 승진, 인사고과에 TOEIC Speaking 단독 실시
두산	입사지원 시 TOEIC Speaking 성적 제출 필수 이공계 110점 이상 / 인문계 130점 이상
CJ	글로벌 인재 신입 채용 시 TOEIC Speaking 160점 이상 성적 필수 우대사항에 '영어' 포함된 직무 지원 시
현대자동차	입사지원 시 TOEIC Speaking 성적 제출 필수 입사지원 기간 이내에 TOEIC Speaking 성적 필수 제출
아시아나항공	입사지원 시 TOEIC Speaking 성적 활용 입사 후 승진, 인사고과에 TOEIC Speaking 단독 실시
SK	일부 계열사 승진, 인사고과 시 TOEIC Speaking 성적 활용
LS	각 계열사 직군별 TOEIC Speaking 성적 활용 현황 상이 LS 엠트론, LS 전선, 미래원 입사 후 인사고과에 TOEIC Speaking and Writing Tests 시행
SPC	입사지원 시 TOEIC Speaking 성적 제출 필수 입사지원 기간 이내에 TOEIC Speaking 성적 필수 제출
GS	각 계열사 직군별 TOEIC Speaking 성적 활용 현황 상이 GS 에너지 TOEIC Speaking 130점 이상
대림	입사지원 시 TOEIC Speaking 성적 활용
동부	입사지원 시 TOEIC Speaking 성적 활용
한화	입사지원 시 TOEIC Speaking 성적 활용
KT	입사지원 시 TOEIC Speaking 성적 활용

국가기관 및 공기업 활용 사례

국가기관 및 공기업명	TOEIC Speaking 성적 활용
제주관광공사	TOEIC Speaking Level 6 이상
한국가스공사	TOEIC Speaking 성적 제출 필수
한국공정거래조정원	TOEIC Speaking 130점 이상
한국기계연구원	TOEIC Speaking 130점 이상
한국수력원자력	채용연계 인턴 UAE 전형 지원 시 TOEIC Speaking Level 6 이상
한국에너지기술연구원	TOEIC Speaking 120점 이상
한국원자력안전기술원	TOEIC Speaking 130점 이상
한국환경산업기술원	TOEIC Speaking 130점 이상
한전KDN	TOEIC Speaking 120점 이상
KOTRA	TOEIC Speaking 160점 이상

언론사 활용 사례

언론사명	TOEIC Speaking 성적 활용
중앙일보, JTBC	TOEIC Speaking 150점 또는 TOEIC Writing 160점 이상
동아일보, 채널A	TOEIC Speaking 150점 또는 TOEIC Writing 160점 이상
SBS	신입 채용 시 TOEIC Speaking 성적 활용
KBS	신입 채용 시 TOEIC Speaking 성적 제출 필수

PAGODA TOEIC SPEAKING

초급

PART 1

Read a text aloud

문장 읽기

Step 1. 유형 파악하기 | **Step 2.** 기초 다지기 | **Step 3.** 유형별 연습 | **Step 4.** 실전 연습

01　Part 1 한눈에 보기

지시문 화면

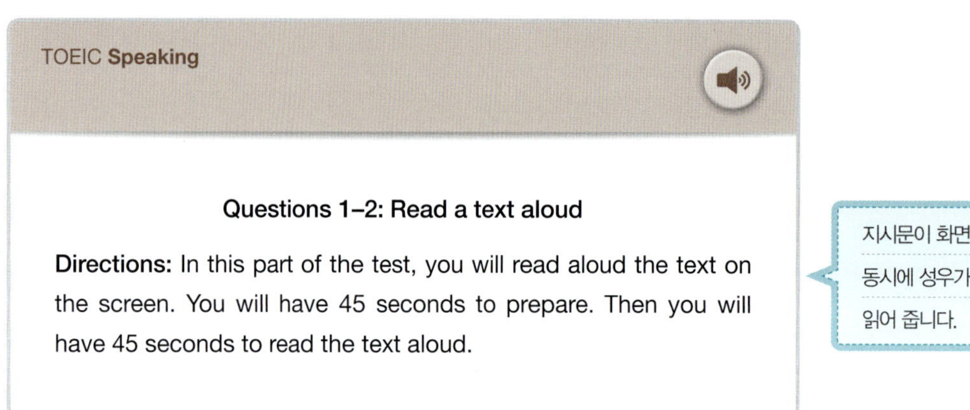

지시문이 화면에 제시되는
동시에 성우가 지시문을
읽어 줍니다.

준비 화면

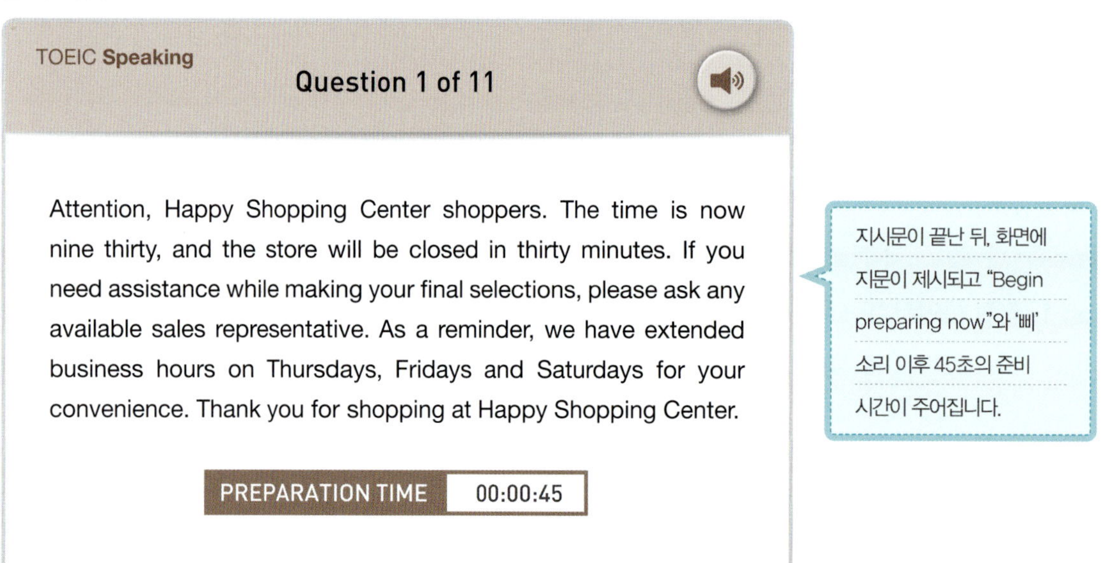

지시문이 끝난 뒤, 화면에
지문이 제시되고 "Begin
preparing now"와 '삐'
소리 이후 45초의 준비
시간이 주어집니다.

답변 화면

Attention, Happy Shopping Center shoppers. The time is now nine thirty, and the store will be closed in thirty minutes. If you need assistance while making your final selections, please ask any available sales representative. As a reminder, we have extended business hours on Thursdays, Fridays and Saturdays for your convenience. Thank you for shopping at Happy Shopping Center.

준비 시간 종료 후, "Begin reading aloud now"와 '삐' 소리 이후 45초의 답변 시간이 주어집니다. 지문 아래 카운트다운 되고 있는 답변 시간을 확인하며 지문을 읽습니다.

 ## Part 1 특징 알아보기

Part 1은 주어진 지문을 듣는 이들에게 얼마나 잘 전달하는가를 측정하는 문제입니다. 생동감 있게 강세어가 들어가는 부분은 강조하면서 읽는 것이 중요합니다.

목적	발음과 억양을 원어민과 영어를 사용하는 사람들이 잘 알아들을 수 있는 정도로 구사할 수 있는지를 측정한다.		
문항 수	2개(Questions 1–2)		
답변 준비 시간	45초		
답변 시간	45초		
점수	3점 만점		
평가 기준	• 발음(Pronunciation) • 억양(Intonation) • 강세(Stress)		
평가 지침		점수	특징
	발음 (Pronunciation)	3	사소한 실수나 모국어의 영향이 있으나 알아듣기 매우 쉽다.
		2	실수나 모국어의 영향이 있으나 전반적으로 알아들을 수 있다.
		1	모국어의 영향이 커서 지문의 정확한 전달이 불가능하지만 때때로 알아들을 수 있다.
		0	답변을 하지 않았거나 관련성을 전혀 찾을 수 없다.
	억양 및 강세 (Intonation & Stress)	3	강조, 끊어 읽기, 억양을 적절하게 구사한다.
		2	강조, 끊어 읽기, 억양이 대체로 적절하지만 실수나 모국어의 영향을 약간 받는다.
		1	강조, 끊어 읽기, 억양이 적절하지 않고 모국어의 영향이 심하다.
		0	답변을 하지 않았거나 관련성을 전혀 찾을 수 없다.
핵심 능력(skill)	유창성(Proficiency)		

Part 1 핵심 전략 알아보기

- 한국인들이 실수하기 쉬운 발음 위주로 발음 훈련을 한다.

- 국가, 지역, 사람 등 고유명사와 외래어의 원어 발음 훈련을 한다.

- 내용어와 기능어를 구분하고, 내용어에 강세를 두어 효과적인 말하기 연습을 한다.

- 의미 단위로 끊어 읽기 훈련을 한다. 명사구나 전치사구와 같은 경우는 마치 한 단어처럼 읽고, 끊어 읽는 부분에서는 분명히 간격을 주어 의미 전달을 명확히 하도록 한다.

- 원어민 발음이 녹음된 다양한 지문을 반복 청취하고, 읽기 훈련을 한다.

지문 유형 알아보기

지문 종류	세부 내용
광고(Advertisement)	• 제품 광고 • 이벤트 또는 행사 광고 • 부동산 또는 건물 임대 광고
공지(Announcement)	• 사내 공지 • 관광 가이드 공지 • 극장 안내 공지 • 도서관 안내 공지 • 호텔 내 안내 공지
방송(Broadcast)	• 라디오 게스트 안내 방송 • 코너 소개 방송 • 각종 프로그램 소개 방송
전화 안내 메시지 (Telephone Message)	• 회사 전화 안내 메시지 • 극장 전화 안내 메시지 • 각종 기관 전화 안내 메시지

Step 1 · 유형 파악하기 / Step 2 · 기초 다지기 / Step 3 · 유형별 연습 / Step 4 · 실전 연습

 준비 시간 활용하기

준비 시간 45초 충분히 활용하기

준비 시간이 시작되자마자 지문을 미리 읽으면서, 주의할 단어 발음, 끊어 읽을 자리, 억양과 강세가 필요한 부분을 사전에 생각해 둡니다. 그리고 목소리가 잘 나올 수 있도록 준비합니다.

준비 시간이 충분하므로 혼동되기 쉬운 발음은 여러 번 반복하여, 녹음 시 한 번에 잘 읽을 수 있도록 준비해 둡니다.

지문의 내용 파악하기

준비 시간 45초 동안 지문의 내용을 함께 파악합니다. 지문의 내용은 전체 지문의 억양과 강세를 결정하는 가장 중요한 요소입니다. 지문의 내용에 따라 억양과 강세가 필요한 부분이 달라질 수 있으므로 지문의 내용을 준비 시간에 정확하게 파악합니다.

문장 부호 중심으로 끊어 읽을 자리 파악하기

쉼표, 마침표, 물음표, 느낌표 등을 중심으로 지문의 억양과 강세를 정하며, 어느 곳에서 끊어 읽어야 가장 효과적으로 지문의 내용이 전달될지 파악합니다.

의미 단위로 끊어 읽기

문장이 긴 경우와 긴 문장에 문장 부호가 적은 경우에는 파악된 지문의 내용을 중심으로 끊어 읽기를 정하여 효과적으로 의미가 전달되도록 합니다.

Step 2 기초 다지기

01 발음(Pronunciation)과 강세(Stress)

1 | 구별하기 힘든 자음과 모음 발음

Part 1은 주어진 지문을 소리 내어 읽는 문제로 각 단어에 대한 정확한 발음이 요구됩니다. 평소 혼동하는 발음이 있다면, 기초 다지기에서 정확하게 학습하여 발음을 수정해 봅시다.

❶ [b]와 [v]

P1_01

[b]는 성대를 울리고, 양 입술을 붙였다가 떼면서 'ㅂ' 발음을 합니다.	bet [bet] – vet [vet] ban [bæn] – van [væn] boat [boʊt] – vote [voʊt]
[v]는 성대를 울리며, [f]처럼 윗니를 아랫입술에 대고 'ㅂ' 발음을 하면서 입술을 뗍니다.	banish [bǽnɪʃ] – vanish [vǽnɪʃ]

❷ [d]와 [ð]

P1_02

[d]는 혀끝을 윗니 끝에 댔다가 떼면서 'ㄷ' 발음을 합니다.	den [den] – then [ðen] dose [doʊs] – those [ðóuz]
[ð]는 성대를 울리며, 혀를 윗니와 아랫니 사이에 넣었다가 떼면서 'ㄷ' 발음을 합니다.	dough [doʊ] – though [ðoʊ] dare [der] – there [ðer]

❸ [f]와 [p]

P1_03

[f]는 성대를 울리지 않고, 윗니를 아랫입술에 대면서 'ㅍ' 발음을 입술과 윗니 사이로 바람이 새듯이 합니다.	faint [feint] – paint [peint] fair [fer] – pair [per]
[p]는 성대를 울리지 않고, 입술을 붙인 상태에서 'ㅍ' 발음을 하며 입술을 뗍니다.	face [feis] – pace [peis] fan [fæn] – pan [pæn]

❹ [l]과 [r]

P1_04

[l]은 혀끝을 윗니 뒤 잇몸과 이 사이에 붙였다가 떼며 'ㄹ' 발음을 합니다.	lace [leis] – race [reis] light [lait] – right [rait]
[r]은 혀끝을 말아 올리지만 입천장에는 닿지 않게 'ㄹ' 발음을 합니다.	lice [lais] – rice [rais] lack [læk] – rack [ræk]

 **2 | 자음 탈락과 연음 현상**

❶ 자음 탈락

자음으로 끝나는 단어와 자음으로 시작하는 단어가 만나면 앞 자음의 소리가 약화되거나 탈락됩니다.　P1_05 

bus stop	against the	contract to
next to	what time	restaurant coupon
should do	grilled fish	breakfast time
had to	just tell us	can't find
should be	important call	moved to

❷ 연음 현상

앞 단어의 끝자음과 다음 단어의 모음이 연결되어 한 단어처럼 발음됩니다.　P1_06 

seated at	piled up	in a circle
mixed up	given us	attend a conference
placed on	talk about	reserved a room
tour at	lined up	cleaned every

3 | 외래어와 고유명사 발음

한국 사람들이 외래어의 발음으로 읽기 쉬운 단어들이 종종 등장합니다. 하지만 영어 말하기 시험이므로 한국어에서 사용하는 외래어 발음이 아닌, 영어권에서 사용하는 정확한 발음을 해야 좋은 점수를 받을 수 있습니다.

❶ 외래어

P1_07 

단어	한국식 표기	원어민 발음
digital	디지털	[dídʒɪtl] 디쥐들
concert	콘서트	[kάːnsərt] 카-안썰트
terminal	터미널	[tɜ́ːrmɪnl] 터-얼미늘
concept	콘셉트	[kάːnsept] 카-안쎕트
content	콘텐츠	[kάːntent] 카-안텐트
announcer	아나운서	[ənáʊnsə(r)] 어나운써얼
amateur	아마추어	[ǽmətə(r)] 애머춰얼

❷ 고유명사

단어	한국식 표기	원어민 발음
Argentina	아르헨티나	[à:rdʒəntíːnə] 아–알쥐엔티–너
Athens	아테네	[ǽθinz] 애띤즈
Australia	오스트레일리아	[ɔːstréiljə] 어–스트뤠일리어
Italy	이탈리아	[ítəli] 이들리
Moscow	모스크바	[máskou] 마스코우
Portugal	포르투갈	[pɔ́ːrtʃugəl] 퍼–얼츄글
Vietnam	베트남	[viètnáːm] 비에트나–음

🍒 4 | 강세

영어 문장은 강하고 느리게 읽는 내용어와 비교적 약하고 빠르게 읽는 기능어로 이루어져 있습니다. 적절히 강약을 주어 자연스러운 느낌이 나는 말하기를 할 수 있도록 연습해 보세요.

- 강하게 읽는 내용어: 전달하려는 내용을 담고 있는 단어_ 명사, 동사, 형용사, 부사, 의문사, 지시사, 부정어 등
- 약하게 읽는 기능어: 문장을 완성하는 기능을 하는 단어_ 대명사, 조동사, be동사, 전치사, 관사 등

You have **reached** the **office** of **Eat Wise Nutrition Consultants.** //
　　　본동사　　　　명사　　　　　　고유명사

Although **nobody** / is **currently** **available** / to **take** your **call**, / your healthy **diet** / is very **important** to us. //
　　부정어　　　　　부사　　be동사 보어　　동사　　　명사　　　　　　명사　　　　be동사 보어

Within **two** business **days**, / **one** of our **counselors** / will **call** you / for a free initial **consultation.** //
　　　숫자　　　　　　　　　　　명사　　　　　본동사　　　　　　　명사

 **02** ## 억양(Intonation)과 끊어 읽기

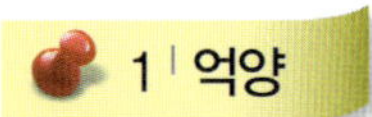

1 | 억양

단어의 음절을 강하게 발음하는 것을 강세라고 한다면, 억양은 말할 때 전체 문장의 멜로디라고 할 수 있습니다. 영어에는 문장의 종류 또는 유형에 따라 올려 읽기와 내려 읽기가 있으므로, 정확히 학습하여 토익 스피킹에 적용하세요.

❶ 내려 읽기(↘) 하는 경우

P1_10

평서문	The newly employed people will begin work tomorrow. (↘) 새로 채용된 사람들은 내일 근무를 시작할 것이다.
감탄문	The store provides customers with amazing gifts! (↘) 그 매장은 고객들에게 놀라운 선물을 제공해요!
명령문	Please stay on the line, and we will connect you as soon as possible. (↘) 기다려 주십시오, 그러면 가능한 빨리 연결해 드릴게요.
의문사로 시작하는 의문문	Which restaurant do you think serves better food? (↘) 어느 레스토랑이 더 나은 음식을 제공한다고 생각하나요?

❷ 올려 읽기(↗) 하는 경우

P1_11

Be동사로 시작하는 의문문	Are you willing to organize the meeting? (↗) 회의를 준비할 용의가 있으세요?
Do동사로 시작하는 의문문	Do you have some time to review the contract for me? (↗) 계약서를 검토해 주실 시간 있으세요?

❸ 내려 읽기(↘)와 올려 읽기(↗)를 함께 하는 경우

P1_12

선택 의문문	Do you speak English (↗) or Spanish? (↘) 영어 또는 스페인어를 말할 수 있으세요?
If, When 등의 부사절 문장	If your company gives you an incentive, (↗) what will you do with it? (↘) 회사가 상여금을 준다면, 그것으로 무엇을 할 것인가요?
and / or를 사용한 나열	The restaurant had delicious food, (↗) kind staff, (↗) and a cozy atmosphere. (↘) 그 레스토랑은 음식이 맛있고, 직원이 친절하며, 그리고 분위기도 아늑합니다.

 2 ┃ 끊어 읽기

끊어 읽기는 영어를 부드럽게 말하고 의미를 적절히 전달하기 위한 필수 요소입니다. 특히 긴 문장의 경우, 끊어 읽기는 정보에 대한 이해력을 높이는 데 큰 도움이 됩니다.

❶ 끊어 읽기의 기본 원칙

- **의미 단위로 끊어 읽는다**
  의미 단위란 두 개 이상의 단어들이 어울려 형성되는 의미의 결합체를 말합니다. 구 또는 절이 이에 해당됩니다.
  - 쉼표(,)와 마침표(.) 뒤에서 끊어 읽기
  - 주어나 목적어가 길 때는 동사 앞, 뒤에서 끊어 읽기
  - 구나 절 앞에서 끊어 읽기

❷ 끊어 읽기 연습 

P1_13

[/] 표시된 부분에서 반 박자 정도 쉬고, [//] 표시된 부분에서 완전히 한 호흡을 쉬어 갑니다. [/　/] 의미 단위는 마치 한 단어처럼 연결해서 읽어 봅니다.

Murray's Department Store / is offering / an exciting end of summer special / on photographs. //
（동사구）　　　　　　（of로 연결된) 명사구　　　　　　（전치사구）

Photos / are perfect / for displaying / in your home, / decorating your office, / or giving as gifts. //
명사　　동사구　　전치사구　　　　쉼표　　　　쉼표

This month only, / get a set of thirty wallet-size prints / for free / when you schedule a session /
쉼표　　　　　　동사구　　　　　　전치사구　　　절 단위

at our photography studio. //
전치사구

Step 3 유형별 연습

01 글의 유형에 따라 읽기

1 | 광고 (Advertisement)

광고는 Part 1에서 가장 자주 출제되는 지문 유형이며, 새로운 상품을 소개하거나 진행 중인 행사를 소개하는 내용이 많습니다. 광고를 읽을 때는 판매자의 입장에서 톤을 높여 소개하듯 읽는 것이 중요합니다.

자주 출제되는 광고 종류	광고를 읽을 때 강조하는 부분
• 다양한 종류의 제품 광고 • 이벤트 또는 행사 광고 • 부동산 또는 건물 임대 광고 • 식당, 호텔 또는 리조트 홍보 광고	• 제품의 특성 및 강점 • 고객에게 제공하는 할인율 • 제품을 묘사하는 형용사와 부사

2 | 공지 (Announcement)

공지는 회사, 지역 공동체 또는 공공기관 등이 알림 사항이나 변경 사항 등의 정확한 정보를 단체에 소속된 사람들에게 전달하는 글입니다. 그러므로 광고와는 달리 차분한 어조로 정보를 전달하듯 천천히 정확하게 읽는 것이 중요합니다.

자주 출제되는 공지 종류	공지를 읽을 때 강조하는 부분
• 사내 공지 • 관광 가이드 공지 • 극장 안내 공지 • 도서관 안내 공지 • 호텔 내 안내 공지	• 전달하려는 핵심 정보 • 변경 사항 • 시간이나 장소를 나타내는 숫자 또는 고유명사

3 | 방송 (Broadcast)

방송은 방송 매체를 통해 사람들에게 정보를 전달하는 지문으로, 교통 방송, 날씨 예보 방송, 스포츠 중계 방송 등이 있습니다. 방송은 그 프로그램의 성격에 따라 읽는 어조 또는 억양이 바뀝니다. 하지만 전반적으로 방송은 사람들에게 쉽고 빠르게 전달되어야 하기 때문에 생동감 있고 명료하게 읽는 것이 중요합니다.

자주 출제되는 방송 종류	방송을 읽을 때 강조하는 부분
• 교통 방송 • 날씨 예보 방송 • 라디오 프로그램 방송 • 스포츠 중계 방송 • 배, 기차 또는 비행기의 안내 방송	• 프로그램 또는 방송사 이름 • 지역이나 장소를 나타내는 고유명사 • 일시, 시간, 수치 등을 나타내는 숫자 • 날씨 또는 교통 상태를 표현하는 형용사와 명사

4 | 전화 안내 메시지 (Telephone Message)

전화 안내 메시지는 회사, 극장, 은행 등 각종 기관의 자동 응답기를 통해 전달되는 메시지를 말합니다. 전화 안내 메시지의 대부분은 영업시간, 특정 부서 연결 번호를 알려주는 내용입니다. 안내 메시지의 시작과 함께 언급하는 업체명과 주요 서비스 안내 사항을 정확하고 명료하게 읽는 것이 중요합니다.

자주 출제되는 전화 안내 메시지 종류	전화 안내 메시지를 읽을 때 강조하는 부분
• 회사 전화 안내 메시지 • 극장 전화 안내 메시지 • 각종 기관 전화 안내 메시지	• 안내 메시지를 제공하는 업체 이름 • 특정 부서 또는 서비스 연결 번호 • 영업시간이나 서비스 변경 시간 등을 나타내는 숫자

02 지문 읽는 연습하기

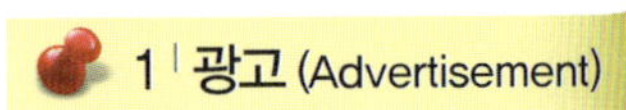 1 | 광고 (Advertisement)

연습문제 1   P1_14

Are you looking for a place which is located in the city? Right now, your perfect home is ❶available at Sunday Building. These new luxury apartments are easy to ❷access Kingston Train Station, where there are several bus stops and a number of subway lines. If you need more ❸details, you can visit our website.

☑ 발음 확인

❶**available** [əvéɪləbl] /어붸일러블/
/v/ 발음할 때는 윗니로 아랫입술을 살짝 깨물듯이 한 상태에서 발음하고, /b/ 발음은 양 입술을 말아 넣었다가 소리를 터뜨리듯이 발음해 주세요.

❷**access** [ǽkses] /액쎄쓰/
첫 음에 힘을 실어 강세를 주고, /s/를 발음할 때는 윗니와 아랫니 사이에 간격을 조금만 둔 상태에서 혀는 윗니와 아랫니 벌어진 틈 뒤에 위치합니다. 마찰음이 나도록 세게 바람을 내보냅니다.

❸**detail** [díːteɪl] /디이-테일/
/d/ 발음을 할 때 혀의 앞부분을 입천장 가운데에 세게 치듯이 소리를 냅니다. 중간 /이-/ 음에서 장음 표시가 있으므로 길게 발음하는 것도 잊지 마시기 바랍니다.

★ 강조하는 단어, 띄어 읽기, 억양 적용
강하게 읽는 단어(   ), 띄어 읽기(/) (//), 억양(⤴ ⤵)

Are you looking for a place / which is located / in the city? ⤴ // Right now, ⤴ / your perfect home is available / at Sunday Building. ⤵ // These new luxury apartments / are easy to access / Kingston Train Station, ⤴ / where there are some bus stops ⤴ / and a number of subway lines. ⤵ // If you need more details, ⤴ / you can visit our website. ⤵ //

> If you are looking for shoes that provide both style and ❶comfort, come to Stanley Footwear. We offer shoes for men, ❷women, and children in various sizes, prices and design. In addition, our fitting ❸experts are available in our store to help you choose the right pair of shoes for you.

☑ 발음 확인

❶ **comfort** [kʌ́mfərt] /컴퍼얼트/ 편안함
영어의 /k/ 발음은 목구멍을 조여서 내는 발음입니다. 우리가 문자상으로 ㅋㅋㅋ 하듯이 목구멍을 조여서 'ㅋ' 발음을 내고, /f/ 발음은 윗니로 아랫입술을 살짝 깨문 상태에서 바람을 세차게 내뱉으며 발음합니다.

❷ **women** [wímin] /위민/ 여성들
여성의 단수와 복수는 발음이 다릅니다.
one woman [wʊ́mən] /워먼/   **two women** [wímin] /위민/

❸ **expert** [éksp3:rt] /엑쓰퍼얼트/ 전문가
토익스피킹에서 ex로 시작하는 단어의 여러 유형을 물어보곤 합니다. 스펠링은 같은데 발음이 다르므로 자주 나오는 유형을 익혀 둡시다.
Part 1에서 알아 두면 좋은 ex로 시작하는 단어들의 각기 다른 발음
exhibition [eksɪbíʃn] /엑스비쉬언/ 전시회
exhibit [ɪgzíbɪt] /이그지빗/ 전시품
expert [eksp3́:rt] /엑쓰퍼얼트/ 전문가
explore [ɪksplɔ́:(r)] /익스쁠러–얼/ 탐험하다
expect [ɪkspékt] /익스뻭트/ 기대하다

☒ 강조하는 단어, 띄어 읽기, 억양 적용
강하게 읽는 단어(   ), 띄어 읽기(/) (//), 억양(↗, ↘)

> If you are looking for shoes / that provide / both style and comfort, ↗ / come to Stanley Footwear. ↘ // We offer shoes / for men, ↗ / women, ↗ / and children → / in various sizes, ↗ / prices ↗ / and design. ↘ // In addition, ↗ / our fitting experts / are available / in our store / to help you choose / the right pair of shoes / for you. ↘ //

연습문제 3

P1_16 

> Please attention, Happy Market shoppers. The time is now eight forty-five, and the store will be closed in twenty minutes. If you need ❶assistance while making your final ❷selections, please ask for help to any available sales ❸associate. As a reminder, we have extended business hours on Fridays, Saturdays and Sundays for your convenience. Thank you for visiting at Happy Market.

☑ 발음 확인

❶**assistance** [əsístəns] /어씨쓰턴쓰/ 도움
윗니와 아랫니 사이를 좁게 두고 그 사이로 바람을 '쓰~' 하고 내뱉으며 마찰음 소리를 내주세요. 여기서 어씨스턴트(assistant)라고 발음하면 '도움'이 아닌 '조교, 조수'의 다른 의미가 되므로 조심하세요.

❷**selection** [sɪlékʃn] /씨일렉쉬언/ 선택
철자만 보고 셀렉션(x)이라고 잘못 읽는 경우가 많아요. /씨일렉쉬언/으로 중간에 강세를 주면서 발음해 주세요.

❸**associate:** 품사에 따라 발음을 다르게 하는 단어입니다.
동사 [əsóʊsieɪt] /어쏘우씨에이트/ 연상하다, 연결 짓다
형용사 [əsóʊsieɪt] /어쏘우씨에이트/ 제휴한, 연관된
명사 [əsóʊʃiət] /어쏘우쉬엇/ 직장 동료, 준회원

*본문에서는 '판매 직원'을 뜻하는 명사로 사용되었으므로 /어쏘우쉬엇/으로 발음을 해야 합니다.

★ 강조하는 단어, 띄어 읽기, 억양 적용
강하게 읽는 단어(   ), 띄어 읽기(/) (//), 억양(↗, ↘)

> Please attention, ↗ / Happy Market shoppers. ↘ // The time is now eight forty-five, ↗ / and the store / will be closed / in twenty minutes. ↘ // If you need assistance / while making your final selections, ↗ / please ask for help / to any available sales associate. ↘ // As a reminder, ↗ / we have / extended business hours / on Fridays, ↗ / Saturdays, ↗ / and Sundays → / for your convenience. ↘ // Thank you for visiting / at Happy Market. ↘ //

연습문제 4 P1_17

Before we start our monthly staff meeting, I'd like to introduce our new ❶executive chef, Richard Jones. First, he'll speak about his plans in the kitchen and ❷strategies for the restaurant. Chef Jones is looking forward to making a new menu for our restaurant's ❸appetizers, main dishes and drinks.

☑ 발음 확인

❶ **executive** [ɪgzékjətɪv] /이그줴큐티브/ 중역, 간부
/z/ 발음을 할 때 /s/ 발음할 때처럼 윗니와 아랫니 사이의 간격을 좁게 하고 혀를 그 간격 뒤에 위치한 상태에서 성대를 울려 휴대전화 진동하듯 '즈~' 하며 울리는 소리가 나야 합니다.

❷ **strategy** [strǽtədʒi] /스트뤠뤄쥐/ (미국식) 전략
중간에 등장하는 /t/를 좀 더 /r/ 발음처럼 굴려서 /스트뤠뤄지/로 발음합니다.

❸ **appetizer** [ǽpɪtaɪzə(r)] /애삐타이줘얼/ 전채, 식욕을 돋구기 위한 것
한국식으로 '애피타이저' 라기보다 중간에 위치한 /p/를 된소리로 '삐'처럼 발음하고 /z/ 발음도 진동소리 나듯이 '즈~얼' 처럼 발음해 주세요.

☆ 강조하는 단어, 띄어 읽기, 억양 적용
강하게 읽는 단어( ), 띄어 읽기(/) (//), 억양(↗, ↘)

Before we **start** / our monthly **staff** meeting, ↗ / I'd like to **introduce** our new executive **chef**, ↗ / Richard **Jones**. ↘ // **First,** ↗ / he'll **speak** / about his **plans** / in the **kitchen** / and **strategies** / for the **restaurant**. ↘ // Chef **Jones** / is looking **forward** / to **making** a new **menu** / for our restaurant's **appetizers,** ↗ / main **dishes** ↗ / and **drinks**. ↘ //

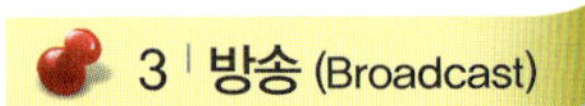 **3 | 방송 (Broadcast)**

연습문제 5

> Now, it's time for the latest traffic report from radio news, *Ninety-Eight*. Right now, ❶traffic is moving ❷smoothly through most of the town. However, because parts of Canal Street are under ❸construction, we have some heavy traffic in the city center. For commuters in the area, we suggest that you take a bus, travel by train or wait until later.

☑ 발음 확인

❶ **traffic** [træfɪk] /츠뤠픽/
영어에서 /t/ 발음을 할 때 혀의 앞 부분으로 입천장의 가운데를 치면서 한국어의 '츠'에 가까운 소리를 냅니다. '트래픽'이 아닌 /츠뤠픽/처럼 발음해 보세요.

❷ **smoothly** [smúːðli] /스무우—들리/
중간에 th 발음은 윗니와 아랫니 사이로 혀를 살짝 내밀어서 발음하는 것이 특징입니다. 혀끝을 살짝 깨물듯이 내밀었다가 입안으로 들어가면서 소리를 냅니다.

❸ **construction** [kənstrʌ́kʃn] /컨쓰트뤽쉬언/ 공사
~ tion으로 끝나는 명사가 자주 등장합니다. '션'으로 짧게 읽지 말고 입술을 내밀고 /쉬언/으로 발음해 보세요.

☒ 강조하는 단어, 띄어 읽기, 억양 적용
강하게 읽는 단어( ), 띄어 읽기(/) (//), 억양(↗, ↘)

> Now, ↗ / it's time / for the latest traffic report / from radio news, / *Ninety-Eight*. ↘ // Right now, ↗ / traffic is moving smoothly / through most of the town. ↘ // However, ↗ / because parts of Canal Street /are under construction, ↗ / we have / some heavy traffic / in the city center. ↘ // For commuters / in the area, / we suggest / that you take a bus, ↗ / travel by train ↗ / or wait until later. ↘ //

We have a big news for our listeners in Springfield. For the first time in two years, snow is in the ❶forecast. Nearly eight centimeters of snow will cover the town. Because the snow will fall overnight, we expect serious traffic ❷congestion during the morning ❸commute. Workers are planning to clean the city roads, parking lots and sidewalks.

☑ 발음 확인

❶ **forecast** [fɔ́:rkæst] /퍼–얼캐스트/ 예측, 예보
/f/ 발음은 윗니로 아랫입술을 살짝 깨물듯이 하고 있다가 바람을 세게 내뱉으며 발음합니다.

❷ **congestion** [kəndʒéstʃən] /컨줴스춰언/ 혼잡
중간에 /dʒ/ 발음을 할 때 입술을 앞으로 내밀어 '제'가 아닌 /줴/처럼 발음해 보세요.

❸ **commute** [kəmjú:t] /커뮤우–트/ 통근, 통학
중간에 길게 읽는 장음이 있으므로 /커뮤우–트/로 중간 부분을 길게 발음해 보세요.

⭐ 강조하는 단어, 띄어 읽기, 억양 적용

강하게 읽는 단어(　　　), 띄어 읽기(/) (//), 억양(↗, ↘)

We have / a big news / for our listeners / in Springfield. ↘ // For the first time / in two years, ↗ / snow is in the forecast. ↘ // Nearly eight centimeters of snow / will cover the town. ↘ // Because the snow will fall / overnight, ↗ / we expect serious traffic congestion / during the morning commute. ↘ // Workers are planning to clean / the city roads, ↗ / parking lots ↗ / and sidewalks. ↘ //

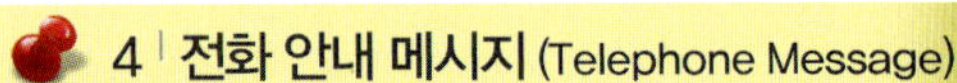 **4 ㅣ 전화 안내 메시지 (Telephone Message)**

연습문제 7

> Thank you for calling Fast Food Supply, where we provide ❶convenient delivery service to your home. Press "one" to hear our special events, reschedule a reservation, or confirm an ❷existing order. To make a new order, stay on the line and one of our ❸representatives will be with you shortly. We appreciate your business.

☑ 발음 확인

❶ **convenient** [kənvíːniənt] /컨뷔–니언트/ 편리한
중간에 /v/ 발음은 윗니로 아랫입술을 살짝 깨물고 길게 발음해서 /뷔~/ 소리가 나도록 해 주세요.

❷ **existing** [ɪgzístɪŋ] /이그지스띵/ 현존하는
철자 ex로 시작하는 단어의 발음에 주의하면서 중간에 있는 /t/는 된소리로 /띵/처럼 발음해 주세요.

❸ **representative** [reprɪzéntətɪv] /뤠쁘뤼줴너니브/ 직원, 대표
미국식 발음으로 했을 때는 중간에 나오는 /t/의 발음이 /n/처럼 발음이 됩니다.
영국식이나 호주식으로 하고 싶은 경우에는 /뤠쁘뤼쩬터티브/라고 하면 됩니다.

☆ 강조하는 단어, 띄어 읽기, 억양 적용

강하게 읽는 단어(　　), 띄어 읽기(/) (//), 억양(↗, ↘)

Thank you for calling / Fast Food Supply, ↗ / where we provide / convenient delivery service / to your home. ↘ // Press "one" / to hear / our special events, ↗ / reschedule a reservation, ↗ / or confirm / an existing order. ↘ // To make / a new order, ↗ / stay / on the line ↗ / and one of our representatives / will be with you / shortly. ↘ // We appreciate / your business. ↘ //

연습문제 8

Thank you for calling the technology issues hotline here at Best Repairing Center. Please follow the ❶instructions before we connect you with a ❷mechanic. Turn off your electronic device, unplug it, and reconnect it to the power source. After you finish these ❸preparations, please press "one". In a few minutes, someone will be with you to provide assistance.

☑ 발음 확인

❶**instruction** [ɪnstrʌ́kʃn] /인쓰트뤅쉬언/ 지시, 안내
중간에 /r/ 발음은 굴려서 /뤅/에 가까운 소리를 내고, tion /ʃn/ 발음할 때는 입술을 내밀어서 /쉬~언/으로 발음해 보세요.

❷**mechanic** [məkǽnɪk] /머캐닉/ 정비공
철자만 보고 '매'라고 하지 말고, 발음 기호처럼 /머캐닉/으로 발음해 보세요.

❸**preparation** [prepəréɪʃn] /프뤠뻐뤠이쉬언/ 준비
단어의 첫 /p/는 양 입술을 말아 넣었다가 터뜨리듯이 해서 /프/처럼 발음하고, 중간에 위치한 /p/는 양 입술을 세게 다물었다가 터뜨려서 /쁘/처럼 발음해 보세요.

☆ 강조하는 단어, 띄어 읽기, 억양 적용
강하게 읽는 단어(　　), 띄어 읽기(/) (//), 억양(↗, ↘)

Thank you for **calling** / the **technology** issues hotline / **here** / at **Best Repairing Center**. ↘ // **Please** follow / the **instructions** ↗ / before we **connect** you / with a **mechanic**. ↘ // **Turn off** / your electronic **device**, ↗ / **unplug** ↗ it, ↗ / and **reconnect** it / to the **power** source. ↘ // After you **finish** / these **preparations**, ↗ / please press "**one**". ↘ // In a few **minutes**, ↗ / someone will be with **you** / to **provide assistance**. ↘ //

01

TOEIC **Speaking**

Question 1 of 11

Good evening everyone, here is the evening report. Today's top story is about weather. Because we have had significantly dry conditions during this summer, we are very pleased to forecast rain! In fact, our area can expect nearly 3 days of wet weather. There will be cloudy skies, strong winds, and continuous rainfall during this period.

PREPARATION TIME	00:00:45
RESPONSE TIME	00:00:45

TOEIC **Speaking**

Question 2 of 11

Welcome to this training seminar for our new data management system. First, let's meet the manager of technology team, Phillip Taylor. Phillip will teach you how to enter information, keep files and access customer charts for your practical performance. After you finish the training, he'll be available to assist anyone who needs it!

PREPARATION TIME	00:00:45
RESPONSE TIME	00:00:45

PART 1

TOEIC **Speaking**

Question 1 of 11

If you are looking for the freshest fruits and vegetables in town, come to Franklin Market. You can come with your entire family and pick your own cabbage, carrot and corn. And this weekend only, you can taste free samples of our famous honey. Before you leave, don't forget to visit our Franklin Bakery to enjoy our delicious desserts.

PREPARATION TIME	00:00:45
RESPONSE TIME	00:00:45

TOEIC **Speaking**

Question 2 of 11

Good evening, Edison Fashion shoppers. This month only, we're offering a discount on tailoring service to customers who make a purchase over fifty dollars. All alterations can be finished in the store within one hour. We can offer service on any kinds of clothes such as dresses, trousers or jackets. To find out more about the service, talk to the staff wearing a uniform.

PREPARATION TIME	00:00:45
RESPONSE TIME	00:00:45

PAGODA
TOEIC
SPEAKING 초급

PART 2

Describe a picture
사진 묘사하기

Step 1. 유형 파악하기 | Step 2. 기초 다지기 | Step 3. 유형별 연습 | Step 4. 실전 연습

01　Part 2 한눈에 보기

지시문 화면

TOEIC **Speaking**

Question 3: Describe a picture

Directions: In this part of the test, you will describe the picture on your screen in as much detail as you can. You will have 30 seconds to prepare your response. Then you will have 45 seconds to speak about the picture.

지시문이 화면에 제시되는 동시에 성우가 지시문을 읽어 줍니다.

준비 화면

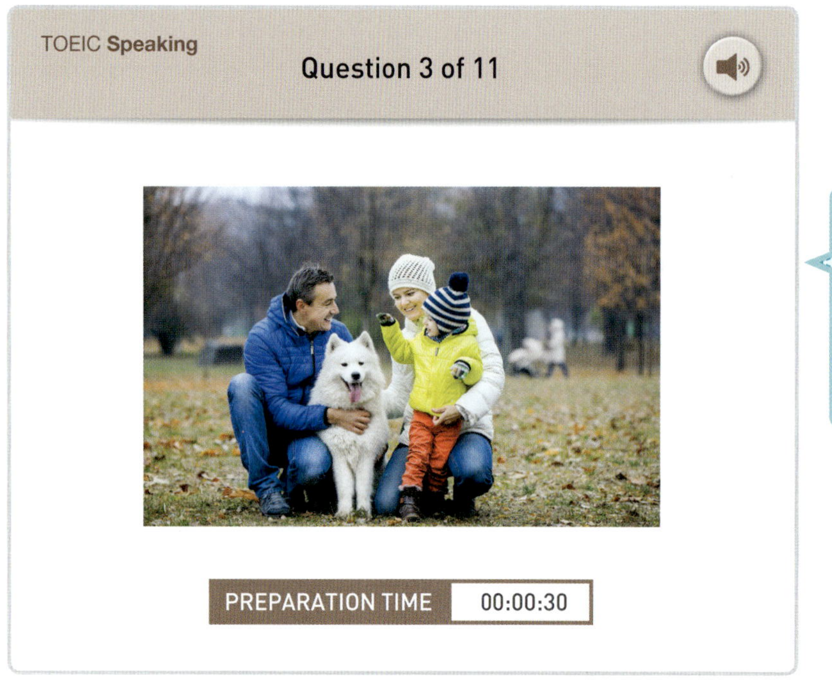

지시문이 끝난 뒤, 화면에 사진이 제시되고, "Begin preparing now"와 '삐' 소리 이후 30초의 준비 시간이 주어집니다.

답변 화면

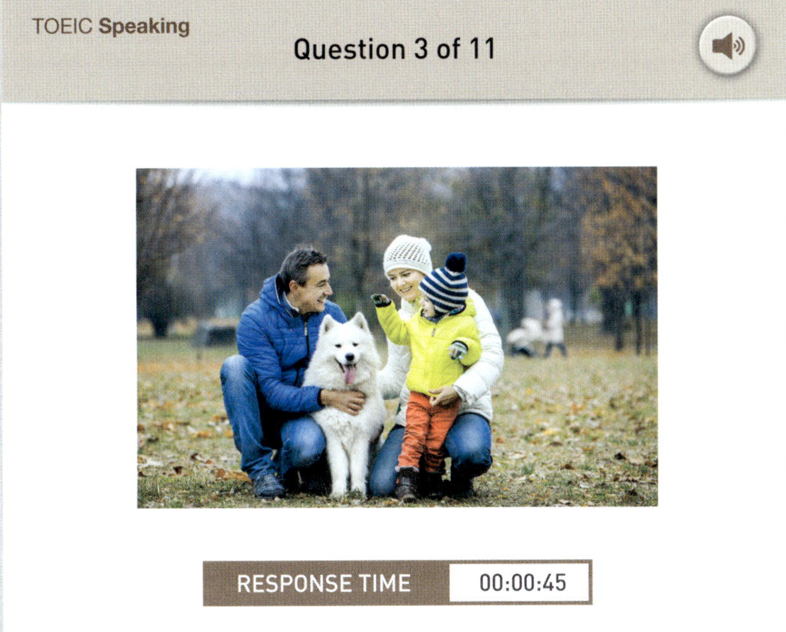

준비 시간 종료 후, "Begin speaking now"와 '삐' 소리 이후 45초의 답변 시간이 주어집니다. 사진 아래 카운트다운 되고 있는 답변 시간을 확인하며 사진을 묘사합니다.

Part 2 특징 알아보기

목적	사진을 이용하여 구체적인 설명이나 짧은 말을 원어민과 영어를 사용하는 사람들이 이해할 수 있게 말할 수 있는지를 측정한다.	
문항 수	1개(Question 3)	
답변 준비 시간	30초	
답변 시간	45초	
점수	3점 만점	
평가 기준	• 발음(Pronunciation) • 문법(Grammar) • 일관성(Cohesion)	• 억양(Intonation) • 어휘(Vocabulary)

	점수	특징
평가 지침	3	정확한 어휘로 세부 묘사를 하며 사진에 대한 긴밀한 관련성을 전달한다.
	2	사진에 관한 관련성은 있으나 사진에서 강조된 부분을 놓치거나 중요하지 않는 부분에 치중하여 묘사한다.
	1	사진에 대한 관련성이 다소 미흡하고 전달된 내용이 제한적이다.
	0	답변을 하지 않았거나 관련성을 전혀 찾을 수 없다.

핵심 능력(skill)	• 창의성(Creativity)	• 유창성(Proficiency)

Part 2 핵심 전략 알아보기

○ 공식처럼 활용할 수 있는 사진 콤보를 암기하고 활용한다.
제한된 시간 내에 신속하게 사진 묘사를 준비하기 위해서는 자주 출제되는 표현 콤보를 공식처럼 활용하면 좋다.

○ 동작 표현은 현재진행형 시제, 상태 묘사는 현재 시제를 사용한다.

○ 알고 있는 어휘 내에서 가능한 풍부하게 묘사하고, 의미가 확실하지 않은 단어는 사용하지 않는다.

○ 사진에서 떠오르는 주관적인 생각 또는 느낌을 말하는 연습을 한다.

 **준비 시간 활용하기**

◉ **사진에서 가장 부각되는 사람 또는 사물 중심으로 핵심 키워드 준비하기**
사진을 처음 보았을 때, 가장 부각되는 사람 또는 사물을 중심으로 활용할 어휘(명사, 동사, 형용사 등)를 떠올립니다.
* 콤보 활용

◉ **사진의 구도를 파악하여, 일관성 있는 묘사의 흐름 정하기**
사진을 보며 묘사 순서를 정합니다. 순서는 주로 인물 → 배경, 전경 → 후경, 오른쪽 → 왼쪽, 왼쪽 → 오른쪽으로 일관성 있는 흐름을 유지합니다.

◉ **사진을 자세하게 파악한 뒤, 마지막으로 사진에 대한 주관적인 의견 또는 분위기 정하기**
일관성 있는 묘사의 흐름을 놓치지 않으면서, 사진 설명을 세밀하게 준비합니다. 그리고 마무리 단계에서 활용될 사진에 대한 주관적인 의견 또는 분위기에 관한 표현을 준비합니다.

 **01　사진 묘사 패턴 정하기**

사진 묘사에 익숙하지 않은 초보 학습자들을 위해 공통적으로 적용될 수 있는 사진 묘사 패턴입니다. 아래의 순서로 패턴을 암기한 다음, 다양한 사진 묘사에 활용해 보세요.

1. 사진의 장소는 어디인가요?	이것은 ~의 사진입니다. >> This is a picture of (a/an) _______________.
2. 사진에는 무엇이 보이나요? (위치와 포인트 잡기)	전경에는 ~가 보입니다. >> In the foreground (of the picture), I can see _______________. 배경에는 ~가 보입니다. >> In the background (of the picture), I can see _______________. 왼쪽에는 ~가 보입니다. >> On the left (side of the picture), I can see _______________. 오른쪽에는 ~가 보입니다. >> On the right (side of the picture), I can see _______________. 중앙에는 ~가 보입니다. >> In the middle (of the picture), I can see _______________.
3. 잡은 포인트 세부 묘사하기	주어는 ~을 입고 있습니다. >> S (is/are) wearing _______________. 주어는 ~을 하고 있습니다 >> S (is/are) _______________.
4. 사진에 대한 주관적인 느낌은 어떤가요?	그것은 ~처럼 보입니다. >> It looks/seems like _______________.

위 사진 묘사 패턴 이외에도 사진 묘사에 자주 사용되는 표현들이 많으니, 단계적으로 공부하면서 다양한 표현을 익혀봅시다.

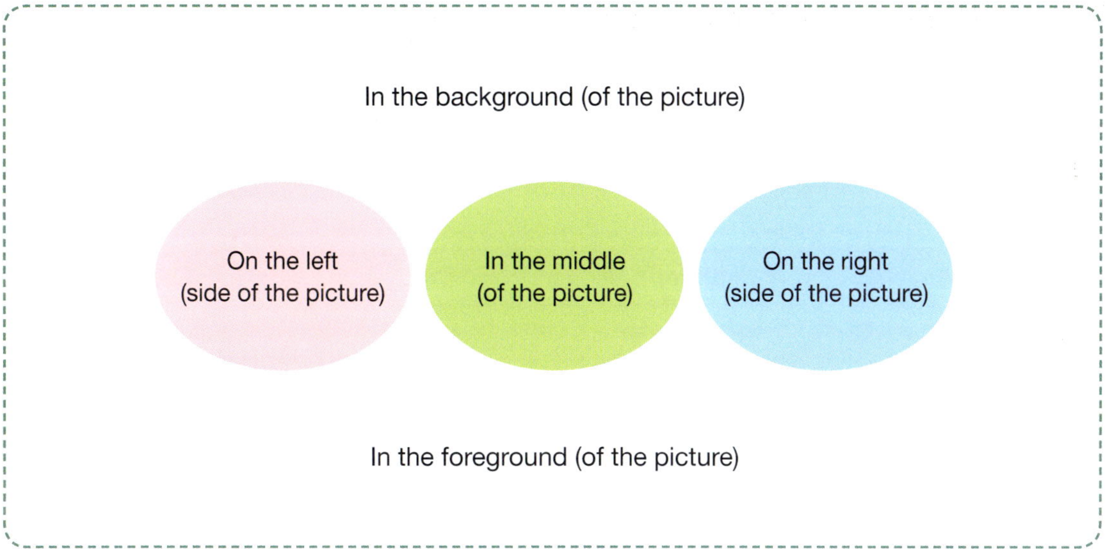

In the background (of the picture)

On the left
(side of the picture)

In the middle
(of the picture)

On the right
(side of the picture)

In the foreground (of the picture)

02 사진 묘사에 자주 쓰이는 기본 표현 익히기

1 | 시험에 자주 출제되는 장소

사무실	office	해변	beach
회의실	meeting room	노천 시장	outdoor market
실험실	laboratory	시내 중심가	downtown
교실	classroom	길거리	street
식당	restaurant	공원	park
구내식당	cafeteria	학교 캠퍼스	campus
슈퍼마켓	supermarket	공항	airport
마당, 뜰	yard	기차역	train station

2 | 사람의 모습을 나타내는 표현

사람이 중심 대상인 사진에서 사람의 수가 많을 경우에는 사람들의 행동이나 상태를 묶어서 묘사할 수 있지만, 사람 수가 한두 명인 경우에는 중심 대상을 묘사하는 데 집중해야 합니다. 그러므로 사람의 외모와 옷차림을 나타내는 표현을 알아둔다면 인물 중심의 사진을 묘사할 때 많은 도움이 될 것입니다.

❶ 옷차림과 외모에 관한 표현

정장	a suit	수영복	a swimsuit	턱수염	a beard
코트	a coat	비옷	a raincoat	콧수염	a mustache
셔츠	a shirt	슬리퍼	slippers	긴/짧은 머리	long/short hair
스커트	a skirt	모자	a cap/hat	갈색 머리	brown hair
바지	pants	부츠	boots	묶은 머리	a ponytail
반바지	shorts	장갑	gloves	안경	glasses

❷ 사람의 옷차림을 표현하는 3가지 방법

한 여자가 ~을 입고 있다	A woman is wearing ~
~을 입고 있는 여자가 있다	There is a woman wearing ~
~을 입고 있는 한 여자는	A woman in ~ is

❸ 머리스타일을 표현하는 방법

그/그녀는 [길이][색깔] 머리를 가졌습니다 예: 그녀는 긴 갈색 머리를 가졌습니다	He/She has ＿＿＿＿＿＿＿＿＿＿. *ex.* She has long brown hair.
[길이][색깔] 머리를 가진 여자가	A woman with ＿＿＿＿＿＿＿＿＿＿.

❹ 분위기를 나타내는 표현

P2_03 

차분한	calm	발랄한	cheerful	심각한	serious
평화로운	peaceful	즐거운	enjoyable	우울한	gloomy
조용한	quiet	유쾌한	delightful	슬픈	sad

 **01** 사무실, 회의실 사진

 **1 | 필수 표현 알아두기**

P2_04 

책상에 앉아 있는	sitting at a desk
(책상/테이블)에서 일하고 있는	working at a (desk/table)
테이블에 둘러 앉아 있는	sitting around a table
의자에 앉아 있는	sitting on a chair
노트북 컴퓨터를 쓰고 있는	using a laptop (computer)
서로에게 이야기하고 있는	talking to each other
전화 통화를 하고 있는	talking on the phone
손을 들고 있는	raising one's hand
복사를 하고 있는	making a photocopy
종이에 무언가를 쓰고 있는	writing something on the paper
발표하고 있는	giving a presentation
악수를 하고 있는	shaking hands

2 | 사진과 함께 연습하기

PART 2

TOEIC **Speaking**

Question 3 of 11 

| PREPARATION TIME | 00:00:30 |
| RESPONSE TIME | 00:00:45 |

Step 1 · 유형 파악하기
Step 2 · 기초 다지기
Step 3 · 유형별 연습
Step 4 · 실전 연습

---

1. 사진의 장소는 어디인가요?	이 사진은 회의실 사진입니다. ≫ This is a picture of a ________________.
2. 사진에는 무엇이 보이나요? (위치 잡기)	사진의 중앙에 사람들이 탁자에 둘러 앉아 있습니다. ≫ In the middle of the picture, people are ________________. 모든 사람들은 정장을 입고 있습니다. ≫ All of them are ________________. 그들 중 한 명은 서서 이야기하고 있습니다. ≫ One of them is ________________. 그들 중 몇몇은 종이 위에 뭔가를 적고 있습니다. ≫ Some of them are ________________. 다른 사람들은 듣고 있습니다. ≫ The others are ________________.
3. 잡은 포인트 세부 묘사하기	모든 사람들이 웃고 있어요. ≫ All of them are ________________.
4. 사진에 대한 주관적인 느낌은 어떤가요?	사람들이 회의를 즐기고 있는 것처럼 보입니다. ≫ It seems like the people are ________________.

1 | 필수 표현 알아두기

점원	clerk
진열대 앞에 서 있는	standing in front of the shelves
뭔가를 향해 손을 뻗고 있는	reaching for something
가게 안을 둘러보고 있는	browsing in the store
쇼핑 카트를 밀고 있는	pushing a shopping cart
쇼핑 바구니를 들고 있는	holding a shopping basket
구매품에 대한 값을 지불하고 있는	paying for one's purchase
손님들을 도와주고 있는	helping customers
(장소)가 사람들로 붐빈다	(장소) is crowded with people
(장소)가 사람들로 붐비지 않는다	(장소) is not crowded with people

Tip All of them: 그들 모두
　　　Some of them: 그들 중 몇몇
　　　The others: 나머지 모든 사람들
　　　One of them: 그들 중 한 명

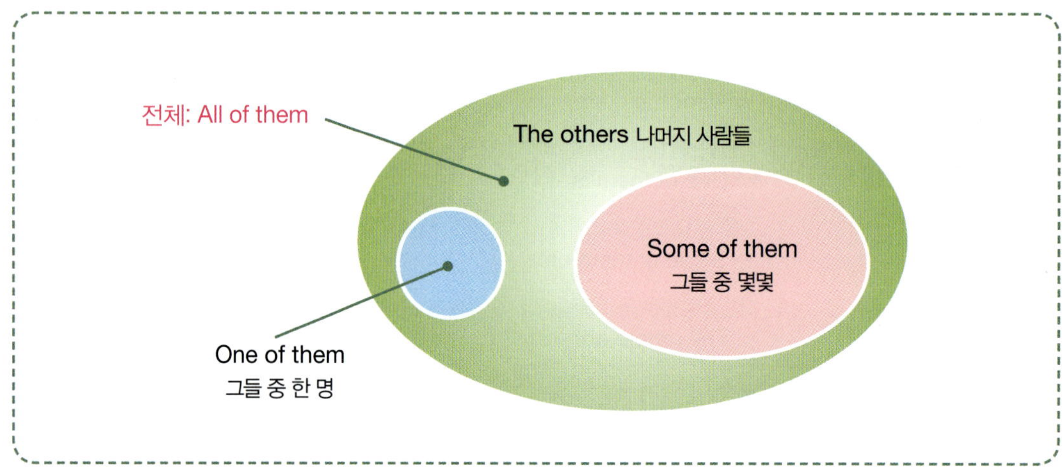

2 | 사진과 함께 연습하기

TOEIC **Speaking**

Question 3 of 11

| PREPARATION TIME | 00:00:30 |
| RESPONSE TIME | 00:00:45 |

---

1. 사진의 장소는 어디인가요?	이 사진은 전자기기 가게 사진입니다. >> This is a picture of an ________________________.
2. 사진에는 무엇이 보이나요? (위치 잡기)	사진의 중앙에 점원이 손님들을 도와주고 있습니다. >> In the middle of the picture, a clerk is ________________. 그는 텔레비전을 가리키고 있습니다. >> He is ________________ ________. 그의 옆에, 남자와 여자가 서 있습니다. >> Next to him, ________________________. 그들은 점원의 설명을 듣고 있습니다. >> They're ________________ ________. 남자가 여자의 어깨에 팔을 두르고 있습니다. >> The man is ________________________.
3. 잡은 포인트 세부 묘사하기	배경엔 많은 가전들이 보입니다. >> In the background of the picture, ________________.
4. 사진에 대한 주관적인 느낌은 어떤가요?	가게가 사람들로 붐비지 않는 것처럼 보입니다. >> It seems like the store is ________________.

03 도시, 거리 사진

 **1 | 필수 표현 알아두기**

P2_08 

길을 따라 걷고 있는	walking along the street
횡단보도를 건너고 있는 / 길을 건너고 있는	walking the crosswalk / crossing a street at a crosswalk
그룹을 지어 서 있는	standing in a group
자전거를 타고 있는	riding a bicycle
자전거에 앉아 있는	sitting on a bicycle
자전거를 끌고 가고 있는	walking with a bicycle
버스 정거장	bus stop
버스를 타고 있는	getting on the bus
택시를 타고 있는	getting into a taxi
줄 서서 기다리고 있는	waiting in line
유모차	stroller
차들이 빨간 신호등에서 멈추어 있다	cars are stopped at the red lights
스마트폰을 사용하고 있는	using a smart phone

2 │ 사진과 함께 연습하기

TOEIC Speaking

Question 3 of 11

PREPARATION TIME	00:00:30
RESPONSE TIME	00:00:45

---

1. 사진의 장소는 어디인가요?	이 사진은 버스 정류장 사진입니다. >> This is a picture of a ___________________ .
2. 사진에는 무엇이 보이나요? (위치 잡기)	사진의 왼쪽에 한 남자가 서서 스마트폰을 사용하고 있어요. >> On the left side of the picture, a man is standing and ___________ . 그는 정장을 입고 있어요. >> He is ___________________ . 그 사람 뒤에, 사진의 오른쪽에 4명의 사람들이 줄 서 있어요. >> ___________________ , on the right side of the picture, four people are ___________________ . 그들은 캐주얼을 입고 있어요. >> They are ___________________ . 그들은 버스를 기다리는 것 같아요. >> It seems like they're ___________________ .
3. 잡은 포인트 세부 묘사하기	사진의 배경에 버스 두 대가 보입니다. >> In the background of the picture, ___________________ .
4. 사진에 대한 주관적인 느낌은 어떤가요?	사람들이 지루한 것처럼 보입니다. >> It seems like ___________________ .

Step 1 · 유형 파악하기
Step 2 · 기초 다지기
Step 3 · 유형별 연습
Step 4 · 실전 연습

04 공원, 놀이공원 사진

1 | 필수 표현 알아두기

피크닉을 즐기고 있는	enjoying a picnic
돗자리에 앉아 있는	sitting on a picnic mat
벤치에 앉아 있는	sitting on a bench
다리를 꼬고 있는	crossing one's legs
푸른 나뭇잎이 가득한 나무들	trees with full of green leaves
등산하고 있는	hiking
공원에서 쉬고 있는	relaxing in the park
분수 주위에 앉아 있는	sitting around the fountain
개를 산책시키고 있는	walking a dog

2 ㅣ 사진과 함께 연습하기

TOEIC Speaking

Question 3 of 11

| PREPARATION TIME | 00:00:30 |
| RESPONSE TIME | 00:00:45 |

1. 사진의 장소는 어디인가요?	이 사진은 공원 사진입니다. ≫ This is a picture of a ________.
2. 사진에는 무엇이 보이나요? (위치 잡기)	사진의 왼쪽에 남자가 사진을 찍고 있어요. ≫ On the left side of the picture, a man is ________________________. 그는 배낭을 메고 있어요. ≫ He is ________________________. 사진의 오른쪽에 여자 둘이 서 있어요. ≫ On the right side of the picture, ________________________. 그들은 등산 지팡이를 들고 있어요. ≫ ________________________ trekking poles. 그들은 사진의 오른쪽을 가리키고 있어요. ≫ They're ________________ the right side of the picture.
3. 잡은 포인트 세부 묘사하기	사진의 배경엔 푸른 잎이 무성한 나무들이 있어요. ≫ In the background of the picture, I can see ________________.
4. 사진에 대한 주관적인 느낌은 어떤가요?	등산하기 좋은 날 같아요. ≫ It looks like it's a ________________.

05 정류장, 공항 사진

1 | 필수 표현 알아두기

공항 로비	airport lobby
수화물 체크인 카운터	check-in counter
활주로	runway
여행가방을 끌고 가고 있는	pulling a suitcase

🍒 2 ┃ 사진과 함께 연습하기

TOEIC Speaking

Question 3 of 11

PREPARATION TIME	00:00:30
RESPONSE TIME	00:00:45

1. 사진의 장소는 어디인가요?	이 사진은 공항의 로비 사진입니다. ≫ This is a picture of an airport ________________.
2. 사진에는 무엇이 보이나요? (위치 잡기)	사진의 중앙에 한 여자가 여행가방을 끌고 가고 있어요. ≫ In the middle of the picture, a woman is ________________. 그녀의 등이 보입니다. ≫ I can see ________________. 그녀는 가죽 자켓을 입고 있어요. ≫ She is ________________ ________________. 사진의 오른쪽에 체크인 카운터가 보입니다. ≫ On the right side of the picture, I can see ________________. 카운터 앞에 몇몇 사람들이 체크인 하려고 기다리고 있어요. ≫ In front of the counter, some people are ________________.
3. 잡은 포인트 세부 묘사하기	배경에 많은 사람들이 있어요. ≫ In the background of the picture, ________________.
4. 사진에 대한 주관적인 느낌은 어떤가요?	공항이 사람들로 붐벼 보입니다. ≫ It seems like the airport is ________________ ________________.

06 간이식당, 레스토랑 사진

1 | 필수 표현 알아두기

테이블에 둘러 앉아 있는	sitting around a table
메뉴를 보고 있는	looking at a menu
주문을 하고 있는	placing an order
식사를 즐기고 있는	enjoying a meal / enjoying dining
물을 따르고 있는	pouring water
와인으로 건배를 하고 있는	toasting with wine
손님들에게 음식을 서빙하고 있는	serving food to the customers
식사하는 사람	diner

 **2 ᅵ 사진과 함께 연습하기**

TOEIC **Speaking**

Question 3 of 11

| PREPARATION TIME | 00:00:30 |
| RESPONSE TIME | 00:00:45 |

1. 사진의 장소는 어디인가요?	이 사진은 레스토랑 사진입니다. ≫ This is a picture of a ________________.
2. 사진에는 무엇이 보이나요? (위치 잡기)	사진의 좌측에 두 사람이 테이블에 앉아 있어요. ≫ On the left side of the picture, two people are ________________. 테이블에는 음식이 보입니다. ≫ ________________, I can see some foods. 사진의 우측에 웨이터가 와인을 서빙하고 있어요. ≫ On the right side of the picture, a waiter is ________________.
3. 잡은 포인트 세부 묘사하기	사진의 배경에는 식사하는 다른 사람들이 보여요. ≫ In the background of the picture, I can see ________________.
4. 사진에 대한 주관적인 느낌은 어떤가요?	사람들이 시간을 즐기는 것처럼 보여요. ≫ It seems like the people are ________________.

 **07 거실, 부엌, 탕비실 사진**

P2_16 

전자렌지	microwave oven
가스렌지	stove
요리하고 있는	cooking
부엌 찬장	kitchen cabinet
조리대	kitchen counter

 **2 | 사진과 함께 연습하기**

TOEIC Speaking

Question 3 of 11

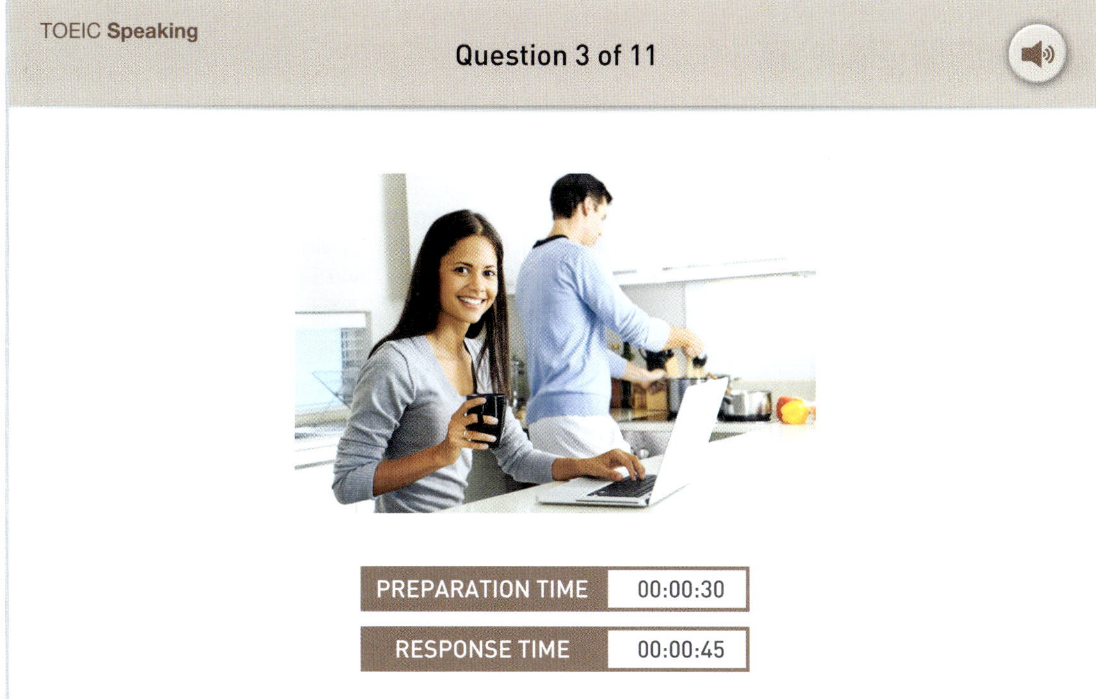

| PREPARATION TIME | 00:00:30 |
| RESPONSE TIME | 00:00:45 |

1. 사진의 장소는 어디인가요?	이 사진은 주방 사진입니다. This is a picture of a ______________.
2. 사진에는 무엇이 보이나요? (위치 잡기)	사진의 전면부에 한 여자가 조리대에 앉아 있어요. >> ______________, a woman is sitting at the ______________. 그녀는 한 손에 컵을 들고 있어요. >> She is ______________ in one hand. 그녀는 다른 손으로 노트북을 사용하고 있어요. >> She is ______________ with the other hand. 그녀는 웃고 있어요. >> She is ______________.
3. 잡은 포인트 세부 묘사하기	사진의 배경에 남자가 가스렌지 앞에서 요리하고 있어요. >> In the background of the picture, a man is ______________. 남자의 등이 보여요 >> I can see ______________.
4. 사진에 대한 주관적인 느낌은 어떤가요?	두 사람이 즐거운 시간을 보내는 것처럼 보여요. >> It seems like they're ______________.

08 극장, 공연장, 강당 사진

 **1 | 필수 표현 알아두기**

무대	stage
무대에서 공연하고 있는	performing on the stage
마이크에 대고 노래하고 있는	singing into a microphone
공연에 갈채를 보내고 있는	applauding for the performance
공연을 보고 있는	watching the performance
기타를 치고 있는	playing the guitar
악기를 연주하고 있는	playing a musical instrument

 **2 ǀ 사진과 함께 연습하기**

TOEIC Speaking 

Question 3 of 11

PREPARATION TIME	00:00:30
RESPONSE TIME	00:00:45

---

1. 사진의 장소는 어디인가요?	이 사진은 야외 콘서트장 사진입니다. >> This is a picture of an ______________________.
2. 사진에는 무엇이 보이나요? (위치 잡기)	사진의 배경에 무대가 보입니다. >> In the background of the picture, ______________________. 몇몇 사람들이 무대에서 공연하고 있어요. >> Some people are ______________________ ______. 사진의 전면부엔 많은 사람들이 공연을 보고 있어요. >> In the foreground of the picture, many people are ______________________ ______________________. 사람들의 등이 보입니다. >> I can see the ______________________. 많은 사람들은 여름 옷을 입고 있어요. >> Many people are ______________________.
3. 잡은 포인트 세부 묘사하기	한 여자는 남자의 어깨에 올라타 앉아 있어요. >> One woman is ______________________.
4. 사진에 대한 주관적인 느낌은 어떤가요?	사람들이 즐거워 보입니다. >> It seems like the ______________________.

Answers & Script p.011

01 P2_20

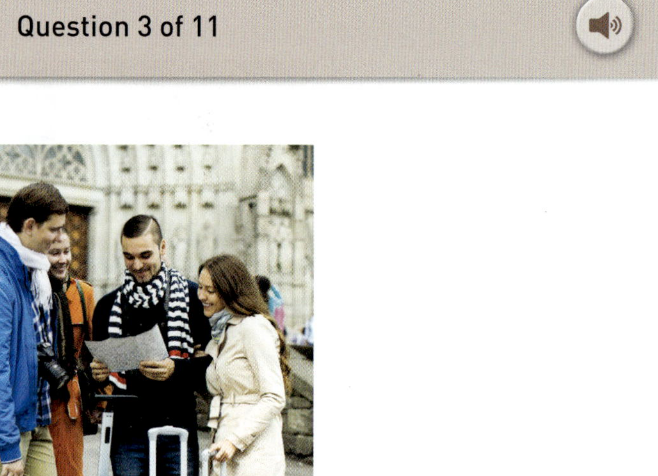

TOEIC **Speaking**

Question 3 of 11

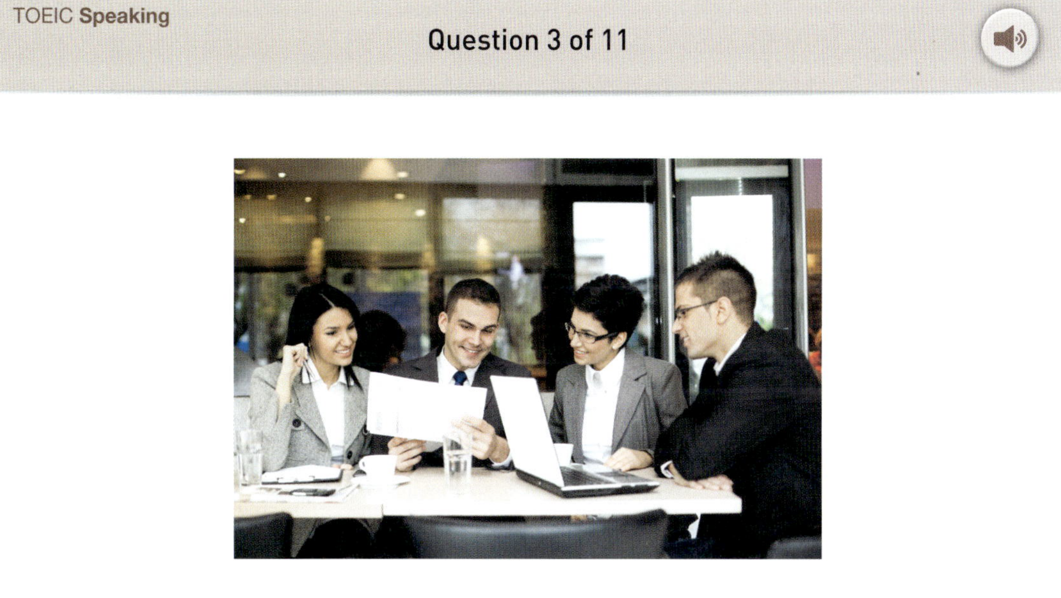

PREPARATION TIME	00:00:30
RESPONSE TIME	00:00:45

PAGODA TOEIC SPEAKING

초급

PART 3

Respond to questions

설문조사에 답하기 혹은 지인과의 전화 통화

Step 1. 유형 파악하기 | **Step 2.** 기초 다지기 | **Step 3.** 주제별 연습 | **Step 4.** 실전 연습

 **01 Part 3 한눈에 보기**

지시문 화면

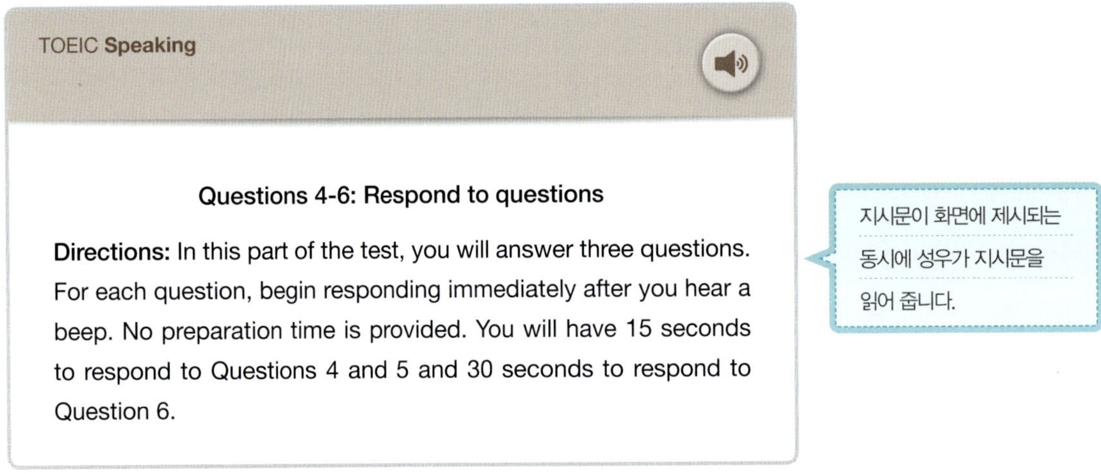

지시문이 화면에 제시되는 동시에 성우가 지시문을 읽어 줍니다.

기존 유형 Topic 화면

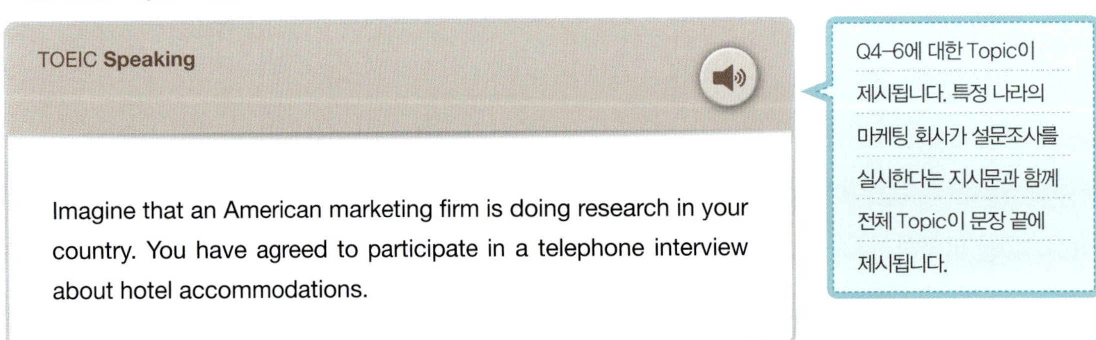

Q4-6에 대한 Topic이 제시됩니다. 특정 나라의 마케팅 회사가 설문조사를 실시한다는 지시문과 함께 전체 Topic이 문장 끝에 제시됩니다.

답변 화면

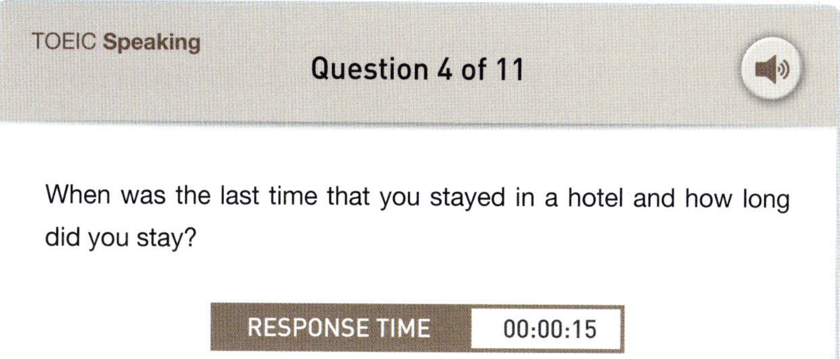

Q4가 음성과 함께 화면에 제시됩니다. '삐' 소리 이후, 15초의 답변 시간이 주어집니다.

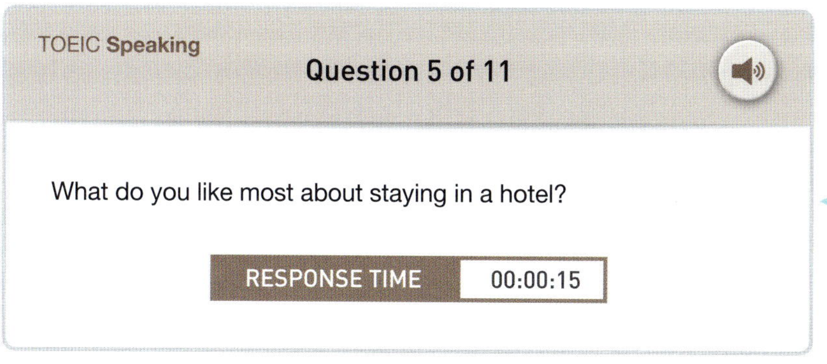

Q5가 음성과 함께 화면에 제시됩니다. '삐' 소리 이후, 15초의 답변 시간이 주어집니다.

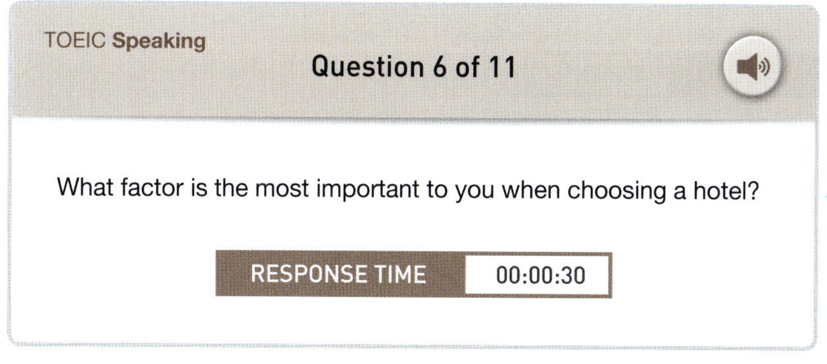

Q6가 음성과 함께 화면에 제시됩니다. '삐' 소리 이후, 30초의 답변 시간이 주어집니다.

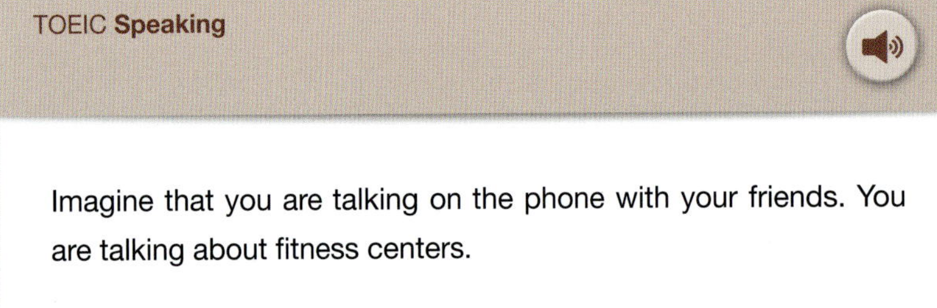

신 유형에서는 "talking on the phone with (지인)"이라는 가정 하에 문제가 진행됩니다. 전체 Topic이 문장 끝에 제시되는 것은 동일합니다.

답변 화면

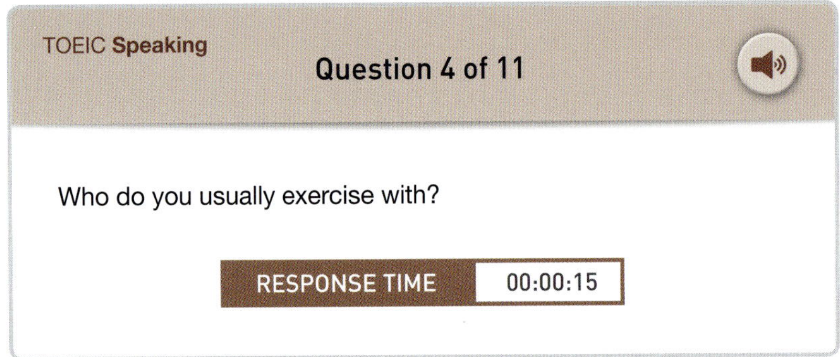

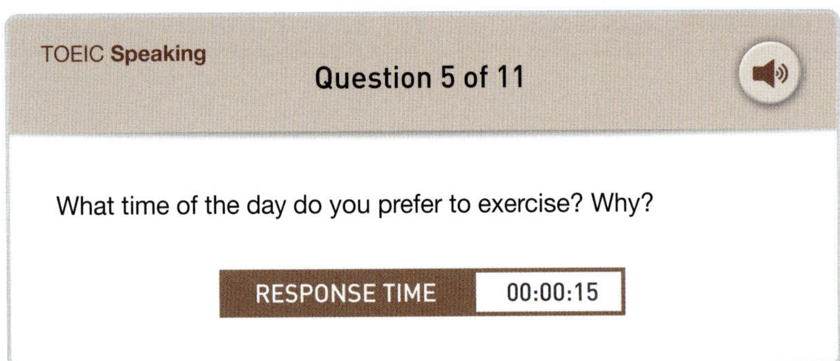

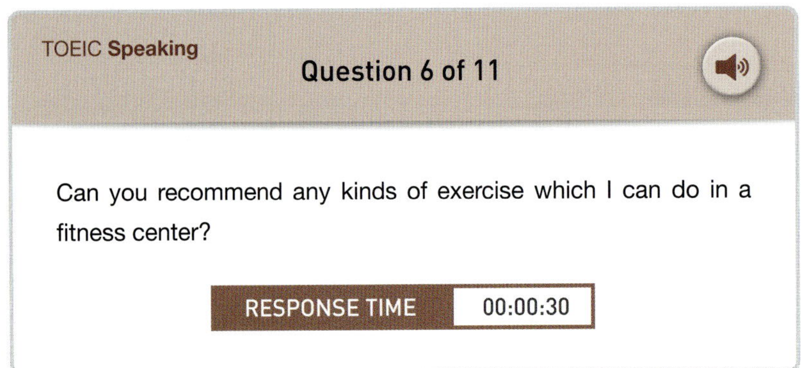

 ## 02 Part 3 특징 알아보기

Part 3는 지역 단체와 직장에서 일어날 수 있는 간단한 대화 또는 전화 통화 능력을 묻는 문제입니다. 듣고 푸는 문제이지만, 화면에 문제가 제시되므로, 화면에 나오는 어휘를 활용해서 대답할 수 있습니다. 묻는 이의 의도에 맞는 답변을 하여야 하며, 구체적으로 최대한 많은 내용을 이야기할수록 점수는 높습니다.

목적	직장 또는 사회 생활에서 일상적인 대화를 적절하게 해낼 수 있는 능력이 있는지, 그리고 특정 정보를 요구하는 질문에 신속하고 정확하게 응답할 수 있는지를 측정한다.	
문항 수	3개(Questions 4-6)	
답변 준비 시간	없음	
답변 시간	Question 4&5 ⋯ 각 15초 / Question 6 ⋯ 30초	
점수	3점 만점	
평가 기준	• 발음(Pronunciation) • 내용의 연관성(Relevance of content) • 어휘(Vocabulary) • 강세(Stress)	• 문법(Grammar) • 억양(Intonation) • 내용의 완성도(Completeness of content) • 일관성(Cohesion)
	점수	특징
평가 지침	3	답변이 적절하고 명료하여 채점자가 쉽게 이해할 수 있다.
	2	의미가 불분명하지만, 질문에 관한 관련성은 있다.
	1	질문에 대해 적절하게 답변을 하지 않고 있다.
	0	답변을 하지 않았거나 관련성을 전혀 찾을 수 없다.
핵심 능력(skill)	유창성(Proficiency)	

 Part 3 핵심 전략 알아보기

- 의문사 종류에 따라 달라지는 응답 표현을 정리하고 말하는 훈련을 한다.
  두 개의 질문을 동시에 묻는 문제에 대비하여 질문의 핵심을 정확하게 파악하는 훈련을 한다.

- 질문에 대한 핵심 답변을 먼저 이야기하고, 남은 시간을 확인하며 부가적인 설명과 묘사를 덧붙인다.

- 의견에 대한 선호, 이유, 근거, 결론 등을 말하는 데 자주 사용되는 표현을 정리하고 훈련한다.

- 자주 출제되는 질문 유형과 예상 가능한 답변을 정리하여 집중 훈련한다.

 문제 유형 알아보기

문제 번호	세부 내용
Question 4	• 의문사 의문문 • 한 개 또는 동시에 두 가지를 묻는 문제 • 단순한 사실을 묻는 문제
Question 5	• 일반 의문문 • 의문사 의문문 • 개인의 의견, 선호도, 장·단점 등을 묻는 문제
Question 6	• 두 개 중 한 개를 선택할 것을 요구하는 문제 • 특정 주제에 대한 장·단점을 요구하는 문제 • 응답자의 의견을 요구하는 문제

- **신 유형에서는 지인과의 전화 통화를 하는 상황이 설정됩니다.** 
  기존의 전화 설문조사에서는 응답자 본인의 의견을 많이 물어 보았다면, 신 유형에서는 응답자가 살고 있는 지역이나 직장에 대한 정보와, 응답자가 설정된 상황에서 지인에게 무언가를 추천해 주어야 하는 문제가 나올 수도 있습니다.
  따라서 본인이 살고 있는 지역의 날씨나 위치적 특징을 잘 알고 있어야 하고, 본인의 직장이나 학교 생활에 대해서 이야기할 수 있어야 합니다. 또한 상대방이 원하는 장소를 추천할 수도 있어야 합니다.

Step 2 / 기초 다지기

01 의문사 의문문 파악하기

Part 3에서는 주어진 질문에 대한 답변을 정리할 수 있는 준비 시간이 제공되지 않는다는 점과 한 개의 Topic에 관한 세 개의 질문에 답변해야 한다는 점이 가장 큰 특징입니다. 그러므로 시간을 지체하는 일 없이 답변하는 순발력을 키우기 위해서는, 먼저 어떤 의문사와 의문문으로 질문했는지 파악하는 청취력과 각 의문사 의문문에 어울리는 답변 연습이 필요합니다.

의문사 의문문의 구성

질문 유형	**What** sports do **you** like?
답변 구성	**I like** playing **soccer**.
의문사 확인	어떤 의문사로 질문했는지 확인해야 질문에 대한 정확한 답변을 말할 수 있습니다.
주어 확인	질문에 답할 때는 질문의 주어를 확인한 뒤, you → I 로 받아서 대답합니다.
시제 확인	질문에 답할 때는 질문의 시제를 확인한 뒤 과거 시제이면 과거 시제로, 현재 시제이면 현재 시제로 답변해야 합니다.

02 육하원칙 의문사별 답변 연습하기

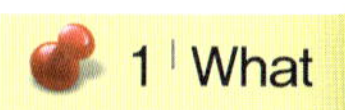

1 | What

P3_01 

'어떤 ~' 또는 '무엇을 ~'에 해당하는 의문사로, What do you ~?와 What is/are ~? 그리고 What (kind of) + 명사 ~? 형태로 많이 출제됩니다. What으로 시작하는 다양한 형태의 질문과 적절한 답변을 연습해 봅시다.

What kinds of food do you eat for lunch? 점심으로 어떤 음식을 먹나요?

>> I eat **Korean food** for lunch. 점심으로 한국 음식을 먹습니다.

What movie did you see for the last time? 마지막으로 본 영화는 무엇인가요?

>> I saw an **action movie** for the last time. 저는 마지막으로 액션 영화를 보았습니다.

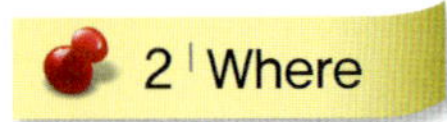

2 | Where

'어디에 ~' 또는 '어떤 장소가 ~' 에 해당하는 의문사로, Where do you ~?와 Where is/are ~? 형태로 많이 출제됩니다. Where로 시작하는 다양한 형태의 질문과 적절한 답변을 연습해 봅시다.

여기서 답변으로 많이 활용하는 표현은 on the Internet(인터넷에서)과 at + 건물(at school, at a convenience store)입니다.

Where do you usually buy your clothes? 당신은 보통 옷을 어디에서 구매하나요?
>> I usually buy my clothes on the Internet. 저는 보통 인터넷에서 옷을 구매합니다.

Where do you usually buy grocery items? 식료품을 주로 어디에서 구매하나요?
>> I usually buy grocery items at a supermarket. 저는 주로 슈퍼마켓에서 식료품을 구매합니다.

Where do you usually find information on job openings? 취업 관련 정보를 주로 어디에서 찾나요?
>> I usually find information on job opening from my friends. 저는 취업 관련 정보를 주로 친구들에게서 찾습니다.

3 | Who

P3_03 

'누가 ~' 또는 '어떤 사람이 ~'에 해당하는 의문사로, 주로 Who do you ~?와 Who is/are ~? 형태로 많이 출제됩니다. Who로 시작하는 다양한 형태의 질문과 적절한 답변을 연습해 봅시다.

여기서 답변으로 많이 활용하는 표현은 with + 사람(~와 함께)과 by myself(혼자, 홀로)입니다.

Who do you usually go on a trip with? 주로 누구와 함께 여행을 가나요?
>> I usually go on a trip with my family. 주로 가족과 함께 여행을 갑니다.

Who do you usually study with? 주로 누구와 함께 공부를 하나요?
>> I usually study by myself. 저는 주로 혼자서 공부를 합니다.

4 | Why

P3_04 

'왜 ~?' 해당하는 의문사로, Why do you ~?와 Why is/are ~? 형태로 많이 출제됩니다. 응답은 Because, ~ (왜냐하면, ~) 또는 The reason is ~ (그 이유는 ~)와 함께 주로 시작하지만, 때때로 생략하여 응답하기도 합니다. Why로 시작하는 다양한 형태의 질문과 적절한 답변을 연습해 봅시다.

Why do you think many people eat fast food? 왜 많은 사람들이 패스트푸드를 먹는다고 생각하세요?
>> (Because) people can save time and it is very convenient.
(왜냐하면) 사람들은 시간을 아낄 수 있고 이것은 매우 편리하기 때문입니다.

Why do you think some people go to the movies alone? 왜 사람들이 혼자서 영화를 보러 간다고 생각하세요?

≫ **The reason is that** they can concentrate on the movie. (이유는) 그들이 영화에 집중할 수 있기 때문입니다.

5 | When

P3_05

'언제 ~' 또는 '~한 때가 언제인가?'에 해당하는 의문사로, When do you ~?와 When is ~? 형태로 많이 출제됩니다. 다른 의문사와는 달리 과거 시제와 함께 사용하는 경우가 많습니다. When으로 시작하는 다양한 형태의 질문과 적절한 답변을 연습해 봅시다.

When was the last time you went to a park? 언제 마지막으로 공원에 갔었나요?

≫ **The last time** I went to a park was **a month ago**. 마지막으로 공원에 갔던 것은 한 달 전입니다.

When do you usually take a vacation? 당신은 보통 언제 휴가를 가나요?

≫ I usually take a vacation **in late July**. 저는 보통 7월 말에 휴가를 갑니다.

6 | How

P3_06

'어떻게 ~' 또는 '얼마나 ~ 하게' 에 해당하는 의문사로, 주로 [How + 형용사/부사]의 형태로 사용하며, 형용사와 부사의 구체적인 의미에 따라 적절히 답변해야 합니다. How로 시작하는 의문문은 뒤에 오는 형용사와 부사의 종류에 따라 아주 다양한 형태의 질문으로 출제될 수 있으므로, 질문을 정확히 이해하고 답변하는 연습이 필요합니다.

How often do you cook? 당신은 얼마나 자주 요리를 하나요?

≫ I cook **once a week**. 일주일에 한 번 요리를 합니다.

How do you get to your school or workplace? 당신은 학교나 직장에 어떻게 가나요?

≫ I usually go to school **by bus**. 저는 주로 버스로 학교에 갑니다.

How far away is the nearest fitness center from your house? 집에서 가장 가까운 피트니스 센터는 얼마나 먼가요?

≫ **It takes** about 10 minutes on foot. 걸어서 10분 정도 걸립니다.

How much time would you wait for a delayed train? 지연된 열차를 얼마나 오랫동안 기다릴 수 있나요?

≫ I would wait for **about 15 minutes**. 15분 정도 기다리겠습니다.

 **7 | Would you suggest ~ / Could you suggest ~** 

기존의 전화 설문조사 유형에서 친구나 직장 동료와의 전화 통화 유형으로 바뀌면서 추가된 의문문의 형태입니다. 기존 유형에서 응답자의 의견이나 생각을 많이 물어 봤다면, 새로운 유형에서는 응답자가 상대방에게 주제와 관련하여 특정한 무엇을 추천해 줄 수 있는지를 묻습니다.

Could you suggest a place where I can buy some clothes in your area?
당신 지역에서 제가 옷을 살 수 있는 곳을 추천해 줄래요?

>> Sure, in my case I go to a shopping mall in downtown. There are many kinds of clothes and you can try it on. It is easy to compare lots of clothes.
물론이에요. 저는 시내에 위치한 쇼핑몰에 가요. 많은 종류의 옷들이 있고 당신은 그것들을 입어 볼 수도 있어요. 다양한 옷을 비교하기에도 쉬워요.

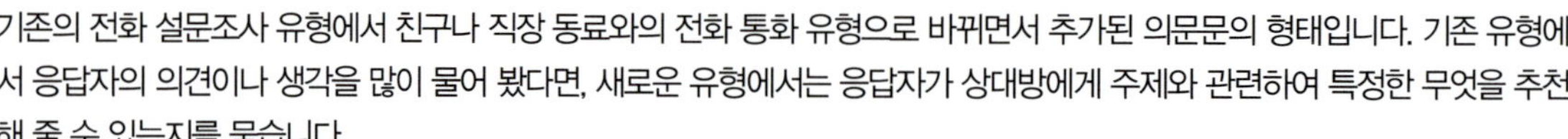

03 Topic 파악하기 & 질문 예상하기

1 | Topic 파악하기

Part 3는 답변 준비 시간이 없으므로, 제한된 시간 내에 답변을 하기 위해서는 신속히 Topic을 파악하고 질문을 예상하는 훈련이 필요합니다. 그리고 예상되는 질문에 대한 답변을 정리하여 말하는 훈련을 한다면 실전에서 많은 도움이 될 것입니다.

Part 3가 시작되면 Questions 4-6에 해당하는 문제의 Topic을 화면에서 신속히 확인합니다.
Imagine that an American marketing firm is doing research in your country. You have agreed to participate in a telephone interview about online shopping.
(Topic이 제시되는 자리를 기억하세요! Topic: 온라인 쇼핑)

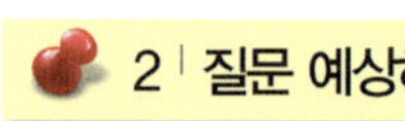

2 | 질문 예상하기

육하원칙을 바탕으로 질문을 예상해 봅시다!

온라인 쇼핑	
What ~?	무엇을 구매하나요?
When ~?	언제 온라인 쇼핑을 하나요?
Where ~?	어디에서 온라인 쇼핑을 하나요?
Why ~?	왜 온라인 쇼핑을 하나요?
How ~?	얼마나 자주 온라인 쇼핑을 하나요?

Step 3 주제별 연습

1 │ 특정 사물

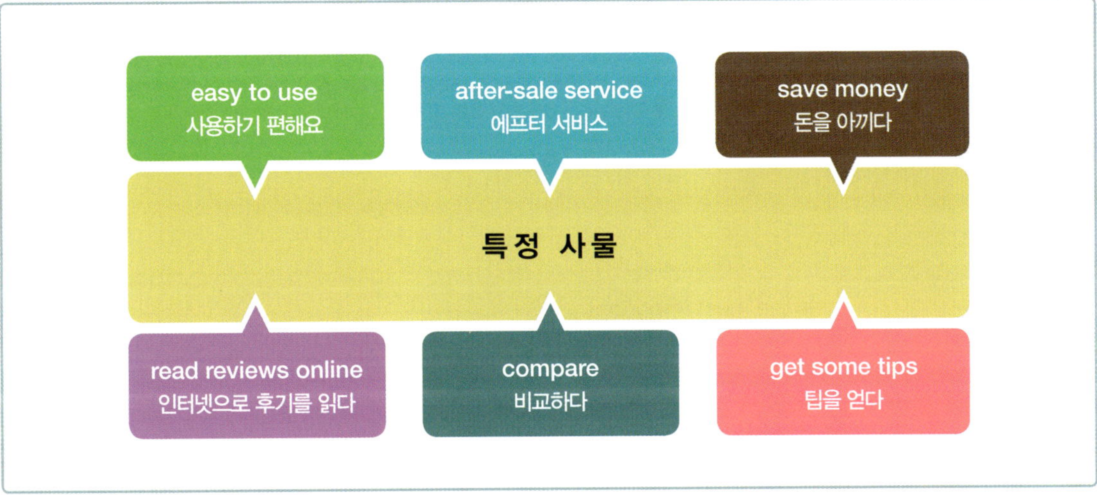

연습문제 1 │ 전화 인터뷰 (스마트폰)

P3_08 

Imagine that a company wants to release a new smart phone. You have agreed to participate in a telephone interview about smart phones.

한 회사가 새로운 스마트폰을 출시하려 한다고 가정해 보세요. 당신은 스마트폰에 관해 전화 인터뷰에 응하기로 동의하였습니다.

Q4. **When was the last time you bought a new smart phone? Where did you buy it?** (15초)

마지막으로 새로운 스마트폰을 산 것은 언제인가요? 어디서 구매하였나요?

The last time ___________ bought a new smart phone was _____________________.

I __________ it _____________________.

마지막으로 새로운 스마트폰을 산 것은 2년 전입니다.
저는 그것을 인터넷에서 구매하였습니다.

🟢빈칸 I / two years ago / bought / on the Internet

Q5. **How often do you buy a new smart phone?** (15초)

얼마나 자주 새로운 스마트폰을 구매하나요?

Ⓐ I buy a new smart phone ___________________________________.

저는 때때로 새로운 스마트폰을 구매합니다.

🔲빈칸 from time to time

Q6. **Which of the following is the most important information when you buy a new smart phone?** (30초)

- **Brand name**

- **The latest camera on smart phone**

- **Price**

당신이 새로운 스마트폰을 살 때 다음 중 가장 중요한 정보는 무엇인가요?

– 브랜드 네임

– 스마트폰에 있는 최신 카메라

– 가격

Ⓐ For me ___________ is the most important.

The reason is that I am a ___________. I have very ___________________.

I am always looking for a way to ___________________.

If the price is ___________, I can ___________________.

So, ___________ is the most important for me.

저에게는 가격이 가장 중요합니다.

이유는 제가 학생이기 때문입니다. 저는 빡빡한 예산을 가지고 있습니다.

저는 항상 돈을 절약할 수 있는 방법을 찾습니다.

만약에 가격이 저렴하다면, 저는 돈을 절약할 수 있습니다.

그러므로, 저에게는 가격이 가장 중요합니다.

🔲빈칸 price / student / tight budget / save money / cheap / save money / price

연습문제 2 | 전화 인터뷰 (네비게이션)

P3_09 🎧

<table>
<tr>
<td>Imagine that an England marketing firm is doing research in your country. You have agreed to participate in a telephone interview about electronic navigation devices.</td>
<td>영국의 한 마케팅 회사가 당신 나라에서 설문조사를 하고 있습니다. 당신은 전자 네비게이션 기기에 대해 전화 인터뷰에 응하기로 동의하였습니다.</td>
</tr>
</table>

Q4. **When you travel, do you prefer to use a paper map or an electronic navigation device? Why?** (15초)

당신은 여행을 할 때, 종이 지도를 사용하는 것을 선호하나요, 아니면 전자 네비게이션 기기를 사용하는 것을 선호하나요? 왜죠?

Ⓐ When I travel, I prefer to ___________________________________.

The reason is that it is very ___________.

저는 여행할 때, 전자 네비게이션 기기를 사용하는 것을 선호합니다.

이유는 그것이 매우 편리하기 때문입니다.

🔲빈칸 use an electronic navigation device / convenient

Q5. How far did you travel by using an electronic navigation device for the last time? (15초)

마지막으로 전자 네비게이션 기기를 이용하여 얼마나 멀리까지 이동했나요?

It ＿＿＿＿＿＿ about ＿＿＿＿＿＿＿＿＿＿＿＿＿＿＿. It was easy to follow.

지하철로 약 30분 정도 소요되었습니다. 따라가기 쉬웠습니다.

● 빈칸 took / 30 minutes by subway

Q6. Describe the last time you used an electronic navigation device. (30초)

마지막으로 전자 네비게이션 기기를 이용했던 때를 묘사해 보세요.

The last time ＿＿＿＿ used an electronic navigation device was ＿＿＿＿＿＿＿＿＿.

I went to a different ＿＿＿＿＿＿＿. It was the first time for me to visit there.

I ＿＿＿＿＿＿＿＿＿＿＿＿＿ and I was confused.

However, thanks to an electronic navigation device, I could ＿＿＿＿＿＿＿＿＿＿＿.

It was easy to use.

제가 마지막으로 전자 네비게이션 기기를 이용했던 것은 지난달입니다.

저는 다른 지역으로 갔었습니다. 그곳에 처음으로 방문해 보는 것이었습니다.

저는 길을 잃었고, 혼란스러웠습니다.

하지만, 전자 네비게이션 기기 덕분에 저는 길을 찾을 수 있었습니다.

이용하기 쉬웠습니다.

● 빈칸 I / last month / town / got lost / find directions

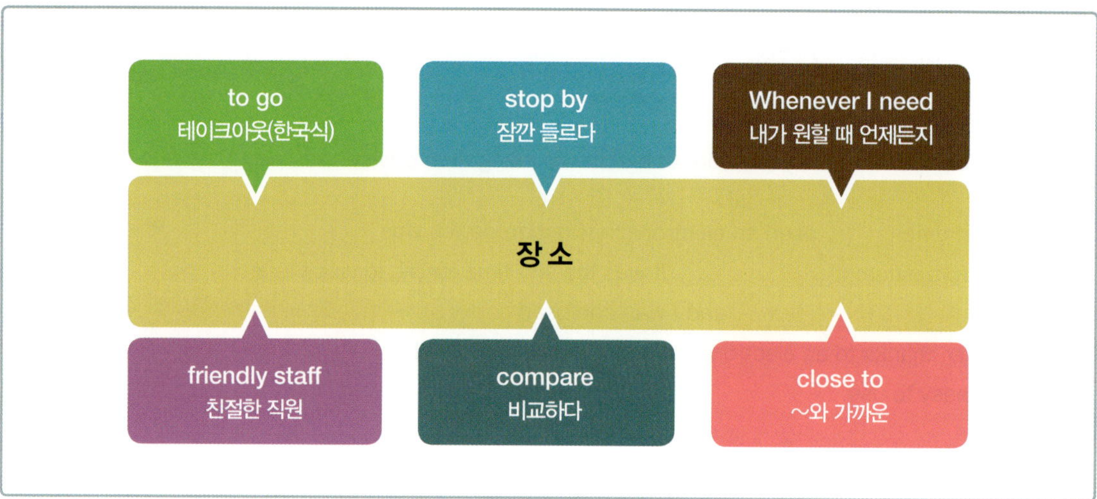

연습문제 3 | 전화 인터뷰 (편의점)

P3_10

Imagine that a British marketing firm is doing research in your country. You have agreed to participate in a telephone interview about convenience stores.

영국의 한 마케팅 회사가 당신의 나라에서 설문조사를 하고 있다고 가정해 보세요. 당신은 편의점에 관하여 전화 인터뷰에 응하기로 동의하였습니다.

Q4. **How often do you go to a convenience store and what do you usually buy?** (15초)

얼마나 자주 편의점에 가나요, 그리고 주로 무엇을 사나요?

Ⓐ ______ go to a convenience store ________________ and I usually ___________ a ___________.

저는 편의점에 일주일에 한 번 갑니다. 그리고 저는 주로 음료를 삽니다.

빈칸 I / once a week / buy / drink

Q5. **Is it important for you to buy fresh food at a convenience store? Why or why not?** (15초)

편의점에서 신선한 음식을 사는 것은 당신에게 중요한가요? 왜죠?

Ⓐ Yes, it is important for me. I often ______________________.

If I can buy fresh food, I can feel full ___________.

네, 중요합니다. 저는 종종 아침을 거릅니다.

신선한 음식을 구매할 수 있다면 빠르게 배부름을 느낄 수 있습니다.

빈칸 skip breakfast / quickly

Q6. **What is the most important feature for you when you choose a convenience store? Choose one of the items below and give some reasons.** (30초)

- **Friendly staff**

- **A wide selection of items**

- **Location**

편의점을 고르는 데 있어서 가장 중요한 특징은 무엇인가요? 다음 항목 중 하나를 골라 이유를 제시해 주세요.

- 친절한 직원

- 다양한 제품

- 위치

For me, _______________ is the most important.

That's because it is very _______________.

In my town, there are convenience stores near my school but I always go to the _______________ one.

I can _______________ and I can buy an item _______________.

Therefore, location is the most important.

저에게는 위치가 가장 중요합니다.

이것은 매우 편리하기 때문입니다.

저희 동네에는 학교 근처에 여러 편의점들이 있지만 저는 항상 가장 가까운 곳에 갑니다.

저는 시간을 절약할 수 있고 빨리 물건을 살 수 있습니다.

그러므로 위치가 가장 중요합니다.

🟢빈칸 location / convenient / nearest / save time / quickly

연습문제 4 | 친구와의 대화 (운동) 新

P3_11

Imagine that you are talking on the phone with your friend. You are talking about fitness centers.	당신의 당신 친구와 전화 통화 중이라고 가정해 보세요. 당신은 피트니스 센터에 대해 이야기하고 있습니다.

Q4. **Who do you usually exercise with?** (15초)

당신은 주로 누구와 운동을 합니까?

I usually exercise _______________.

It is not _______________ and I can _______________.

저는 주로 친구들과 운동을 합니다.

심심하지 않고 동기부여가 됩니다.

🟢빈칸 with my friends / boring / get motivated

Q5. **What time of the day do you prefer to exercise? Why?** (15초)

하루 중 어느 때에 운동하는 것을 선호하나요? 왜죠?

I prefer to exercise _____________________.

That's because I ____________ some free time _____________________.

저는 저녁에 운동하는 것을 선호합니다.
저녁에 여유 시간이 있기 때문입니다.

🟢빈칸 in the evening / have / in the evening

Q6. **Can you recommend any kinds of exercise which I can do in a fitness center?** (30초)

제가 피트니스 센터에서 할 수 있는 운동을 추천해 줄래요?

In my case, I like to ____________ an exercise class.

The reason is that I can ____________ some skills and _____________________.

There are many ____________ of classes such as yoga, spinning, cross-fit and so on.

When I exercise ____________ other people, I don't feel bored.

Moreover, I can exercise _____________________.

So, I think _____________________ an exercise class is the best.

저의 경우에는 운동 수업을 듣는 것을 좋아합니다.
이유는 바로 기술들을 배울 수 있고, 동기부여가 되기 때문입니다.
요가, 스피닝, 크로스핏 등과 같은 많은 다양한 수업들이 있습니다.
다른 사람들과 운동할 때면, 저는 지루하지 않습니다.
게다가, 저는 규칙적으로 운동할 수 있습니다.
그러므로 저는 운동 수업 듣는 것이 가장 좋다고 생각합니다.

🟢빈칸 attend / learn / get motivated / kinds / with / regularly / attending

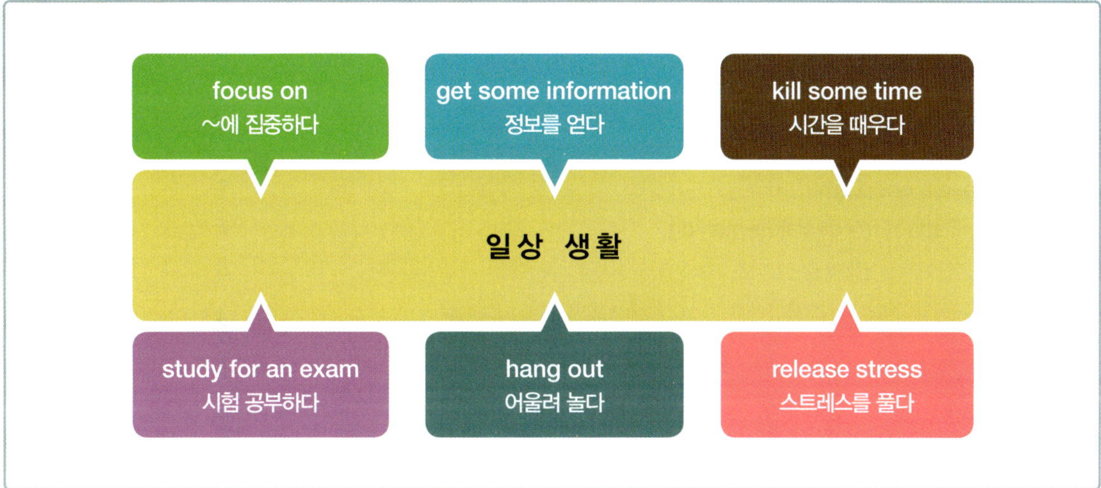

연습문제 5 | 전화 인터뷰 (영화)

P3_12 

Imagine that a Canadian marketing firm is doing research about movies. You have agreed to participate in a telephone interview about watching movies.

캐나다의 한 마케팅 회사가 영화에 대한 설문조사를 하고 있다고 가정해 보세요. 당신은 영화 감상에 대한 전화 인터뷰에 응하기로 동의하였습니다.

Q4. **How often do you watch a movie?** (15초)

당신은 얼마나 자주 영화를 보나요?

I watch a movie about ________________________.

저는 한 달에 한 번 혹은 두 번 영화를 봅니다.

→빈칸 once or twice a month

Q5. **What kinds of movies do you like to watch? Why?** (15초)

어떤 종류의 영화를 보는 것을 좋아하나요? 왜죠?

I like to watch __________ __________.

I can __________ __________ __________.

저는 액션 영화를 감상하는 것을 좋아합니다.

스트레스를 풀 수 있습니다.

→빈칸 action movies / release my stress

Q6. **If a famous actor or actress appears on the movie, will it affect your decision-making? Why or why not?** (30초)

만약에 유명한 배우가 영화에 출연한다면, 그것은 당신의 의사결정에 영향을 끼칠까요? 왜죠?

If a famous actor or actress _____________ on the movie, it will _____________ my decision-making.

The reason is that I can be _____________ that it will be interesting.

Their acting is good so I can enjoy the movie.

I _______________________________ worry about feeling _____________.

I can have a good time.

So, it will affect my decision-making.

만약에 유명한 배우가 영화에 출연한다면, 그것은 저의 의사결정에 영향을 끼칠 것입니다.
이유는 그 영화가 재미있을 것임을 확신할 수 있기 때문입니다.
그들의 연기는 훌륭하므로 저는 그 영화를 즐길 수 있습니다.
저는 지루해 할 걱정을 하지 않아도 됩니다. 저는 즐거운 시간을 보낼 수 있습니다.
그러므로 이것은 저의 의사결정에 영향을 끼칠 것입니다.

빈칸 appears / affect / sure / don't need to / bored

연습문제 6 | 전화 인터뷰 (독서 습관)　　　　　　　P3_13

Imagine that a publishing company in America is doing a research in your area. You have agreed to participate in a telephone interview about your reading habit.

미국의 한 출판 회사가 당신의 지역에서 설문조사를 실시하고 있다고 가정해 보세요. 당신은 독서 습관에 관한 전화 인터뷰에 응하기로 동의하였습니다.

Q4. **Where do you like to read books? Why?** (15초)

당신은 어디에서 책 읽는 것을 좋아하나요? 왜죠?

I like to read books _______________________.

The reason is that it is _____________.

저는 저의 방에서 책 읽는 것을 좋아합니다.
이유는 조용하기 때문입니다.

빈칸 in my room / quiet

Q5. **What was the last book you read? And who was the author?** (15초)

마지막으로 읽은 책은 무엇이었나요? 그리고 저자는 누구였나요?

It was a _____________.

The author was a _____________ Korean author.

소설이었습니다.
저자는 유명한 한국 작가였습니다.

빈칸 novel / famous

Q6. **What is your main reason for reading books?** (30초)

책을 읽는 주된 이유는 무엇인가요?

I usually read books to _____________ good GPA.

I often read books for my _____________.

I want to get high GPA.

I don't want to _____________________ exam.

Before the exam, I usually read books for a long time.

I can _____________ a lot of information.

Then, I can know about lots of ___________________.

저는 주로 좋은 점수를 받기 위해 책을 읽습니다.

저는 주로 저의 전공을 위해 책을 읽습니다.

저는 좋은 점수를 받고 싶습니다.

시험에 실패하고 싶지 않습니다.

시험 전에 저는 책들을 오랫동안 읽습니다.

저는 많은 정보를 알 수 있습니다.

그리고 많은 지식에 대해 알 수 있습니다.

🔵빈칸 get / major / fail in / get / knowledge

연습문제 7 ㅣ 전화 인터뷰 (휴일)　　P3_14 🎧

Imagine that an Australian marketing firm is doing a research about your country. You have agreed to participate in a telephone interview about holidays.

호주의 한 마케팅 회사가 당신 나라에 대해 설문조사를 실시하고 있다고 가정해 보세요. 당신은 휴일에 관한 전화 인터뷰에 응하기로 동의하였습니다.

Q4. **Who do you usually celebrate the holidays with?** (15초)

당신은 주로 누구와 함께 휴일을 기념하나요?

Ⓐ I usually celebrate the holidays ＿＿＿＿＿＿ my family.

저는 주로 가족과 함께 휴일을 기념합니다.

▶빈칸 with

Q5. **During the holidays, do your family members like to eat out at a restaurant or eat some home-made food at home?** (15초)

휴일 동안에, 당신 가족들은 식당에서 외식하는 것을 좋아하나요, 아니면 집에서 만든 음식을 먹는 것을 좋아하나요?

Ⓐ During the holidays, my family members ＿＿＿＿＿＿ eat some home-made food.
It is very ＿＿＿＿＿＿ and meaningful.

휴일 동안에, 우리 가족들은 집에서 만든 음식을 먹는 것을 좋아합니다. 그것은 매우 건강에 도움이 되며 의미가 있습니다.

▶빈칸 like to / healthy

Q6. Describe the last holiday you spent. (30초)

당신이 보낸 마지막 휴일에 대해 묘사해 보세요.

The last holiday was a _______________ national holiday called '추석'.

Our relatives _________________ at one place.

I could ____________ my uncles, aunts and cousins.

We ____________ some traditional food together and relaxed at home.

I could have a great time ____________ my family members.

마지막 휴일은 한국의 휴일인 '추석' 이었습니다.

우리 친척들은 한 장소에 모였습니다.

저는 저의 삼촌들과 이모와 고모들, 그리고 사촌들을 만날 수 있었습니다.

우리는 함께 전통 음식을 먹고 집에서 휴식을 취하였습니다.

저는 가족들과 좋은 시간을 보낼 수 있었습니다.

빈칸 Korean / gathered / meet / ate / with

연습문제 8 | 동료와의 대화 (여행사) 新　　　　P3_15

> Imagine that you are talking with your co-worker. You and your co-worker are talking about using a travel agency.
>
> 당신은 당신의 동료와 이야기하는 중이라고 가정해 보세요. 당신과 동료는 여행사 이용에 관해 이야기 하고 있습니다.

Q4. When you go on a trip, how do you make a plan? (15초)

여행을 갈 때 어떻게 계획을 세우나요?

When I ____________ a trip, I usually make a plan _________ using a travel agency.

여행을 갈 때, 저는 주로 여행사를 이용해서 계획을 세웁니다.

빈칸 go on / by

Q5. What are the disadvantages of using a travel agency? (15초)

여행사를 이용하는 것의 단점은 무엇인가요?

____________________________ disadvantages is that I need to ____________ the scheduled time.

단점 중에 하나는 정해진 일정을 따라야 한다는 것입니다.

빈칸 One of the / follow

Q6. **I'm thinking about joining a group tour on my next trip. How do you think about that?** (30초)

저는 다음 여행 때, 단체 여행에 합류할까 생각 중입니다. 당신은 어떻게 생각해요?

I think it's a great idea.

The reason is that it is _________________ and people can _____________________.

In my case, I often ___________ a travel agency to make a plan.

They usually _________________ a hotel, flight and admission tickets.

In addition, I don't feel _________________ during the trip.

So, I think that's a great idea.

저는 좋은 생각이라고 생각합니다.
이유는 그것이 편리하고, 사람들은 시간을 아낄 수 있기 때문입니다.
저의 경우에 있어서는 주로 계획을 세우기 위해 여행사를 이용합니다.
그들은 주로 호텔, 비행편, 입장표 등을 예매해 줍니다.
게다가 여행하는 동안 혼란스럽지 않습니다.
그래서 저는 그것이 좋은 아이디어라고 생각합니다.

빈칸 convenient / save time / use / reserve / confused

MEMO

01

TOEIC Speaking

Imagine that a shopping mall in your area is doing a research. You have agreed to participate in a telephone interview about shopping for clothes.

TOEIC Speaking

Question 4 of 11

What kinds of clothes do you usually buy?

| RESPONSE TIME | 00:00:15 |

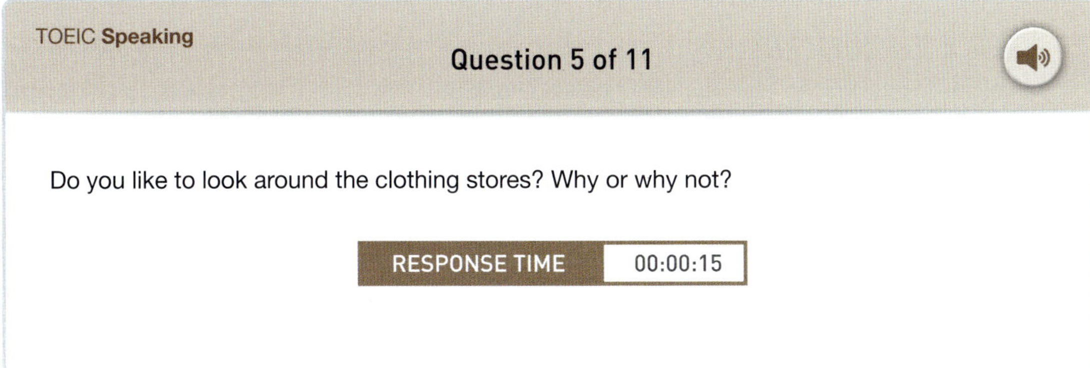

TOEIC Speaking
Question 5 of 11
Do you like to look around the clothing stores? Why or why not?
RESPONSE TIME
00:00:15

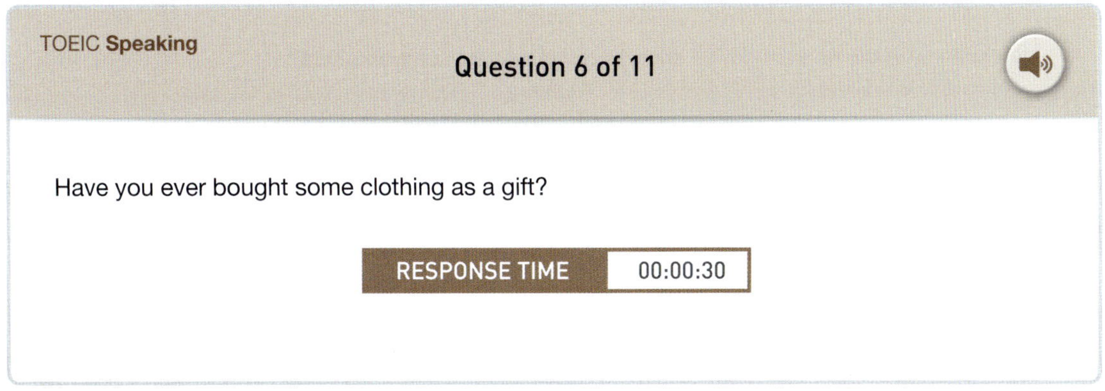

TOEIC Speaking
Question 6 of 11
Have you ever bought some clothing as a gift?
RESPONSE TIME
00:00:30

02

TOEIC Speaking

Imagine that a British marketing firm is doing research in your area. You have agreed to participate in a telephone interview about coffee shops.

TOEIC Speaking

Question 4 of 11

How far away is the nearest coffee shop from your school or workplace?

RESPONSE TIME 00:00:15

Question 5 of 11

Do you like to buy some cookies or cakes when you buy some coffee? Why or why not?

RESPONSE TIME 00:00:15

Question 6 of 11

If there is a new coffee shop in your town, what is the most important thing? Why?
- Fast service
- Various menu
- Comfortable seating area

RESPONSE TIME 00:00:30

PAGODA
TOEIC
SPEAKING

초급

PART 4

Respond to questions using information provided

주어진 정보를 사용하여 질문에 답하기

Step 1. 유형 파악하기 | Step 2. 기초 다지기 | Step 3. 유형별 연습 | Step 4. 실전 연습

Step 1 유형 파악하기

01 Part 4 한눈에 보기

TOEIC Speaking

Questions 7-9: Respond to questions using information provided

Directions: In this part of the test, you will answer three questions based on the information provided. You will have 30 seconds to read the information before the questions begin. For each question, begin responding immediately after you hear a beep. No additional preparation time is provided. You will have 15 seconds to respond to Questions 7 and 8 and 30 seconds to respond to Question 9.

TOEIC Speaking

Question 7, 8, 9 of 11

Mariam Travel Corporation

Annual Meeting   February 21, 10:00 A.M. – 3:00 P.M.

The Carnegie Hotel

10:00 A.M.	Welcome address	Michael Jin, Chief Executive Officer
10:30 A.M.	Overview of new products	Rosa Patty, Vice President
11:30 A.M.	New product question and answer session	
Noon	Lunch	
1:30 P.M.	Financial report	Sabrina Nielson, Chief Financial Officer
2:30 P.M.	Financial report question and answer session	

* For copies of annual financial report in advance, Charles Green, 855–0144.

PREPARATION TIME	00:00:30
RESPONSE TIME	00:00:15, 15, 30

- 30초 이후 바로 내레이션이 나옵니다.
- 내레이션 이후에 7번 문제의 음성이 나옵니다. '삐' 소리 이후 15초의 답변 시간이 주어집니다.
- Stop 화면 이후에 8번 문제의 음성이 나옵니다. '삐' 소리 이후 15초의 답변 시간이 주어집니다.
- Stop 화면 이후에 9번 문제의 음성이 나옵니다. '삐' 소리 이후 30초의 답변 시간이 주어집니다.
- 시험이 진행되는 동안 화면에도 표가 보여집니다.

 02 Part 4 특징 알아보기

목적	주어진 도표에 제시된 정보를 제한된 시간 내에 파악하고 묻는 질문에 적절하게 응답하는지를 측정한다.
문항 수	3개(Questions 7–9)
답변 준비 시간	30초
답변 시간	Question 7&8 ⋯▸ 각 15초 / Question 9 ⋯▸ 30초
점수	3점 만점
평가 기준	• 발음(Pronunciation) • 억양(Intonation) • 문법(Grammar) • 어휘(Vocabulary) • 일관성(Cohesion) • 완성도(Completeness of content)

평가 지침	점수	특징
	3	답변이 적절하고 도표의 정보를 정확히 말하고 있다.
	2	질문에 대한 답변은 하지만 도표의 정보를 정확히 말하지 않거나 잘못 말하고 있다.
	1	질문에 대해 적절한 답변을 하고 있지 않거나, 도표에 나온 정보를 사용하지 않고 있다.
	0	답변을 하지 않았거나 관련성을 전혀 찾을 수 없다.

핵심 능력(skill)	• 청취 능력(Listening skill) • 유창성(Proficiency)

03 Part 4 핵심 전략 알아보기

● **도표의 내용을 신속하게 파악한다.**
준비 시간 30초 동안 도표의 내용을 핵심어 중심으로 신속하게 파악하여 말하는 연습을 한다.
시간, 날짜, 사람 이름, 장소 등을 미리 파악해 두고 고유명사를 확인해둬야 음성을 잘 듣고 이해할 수 있다.

● **자주 출제되는 도표의 종류를 분류하고 출제 가능한 문제와 답변을 정리한다.**
자주 출제되는 도표를 주제어 중심으로 분류하고, 예상 가능한 문제와 답변을 정리하여 집중 말하기 훈련을 한다.
답은 100% 지문 안에 있으므로 집중해서 지문을 읽어야 한다.

● **음성으로 주어지는 질문의 형식을 신속하게 이해한다.**
음성으로 주어지는 질문을 듣고, 질문에서 묻는 정보를 매끄럽고 유창하게 전달한다.

● **대답을 할 때에는 업무 담당자라 생각하고 도표에 있는 내용을 정확하게 전달해줘야 한다.**

04 문제 유형 알아보기

Tip 1 내용의 해석보다는 단어들 위주로 계속 읽어가면서 어떤 단어들이 있는지 파악해 두는 것이 좋아요!
Tip 2 추가 정보를 물을 때도 있으므로 도표 마지막에 있는 주석(*)까지 확인해 두는 것이 좋아요!
Tip 3 질문 예상하기! 30초 도표 읽는 준비 시간이 끝나고 내레이션이 나올 때부터 잘 들어야 합니다.
7번 문제가 나올 때 의문사 및 핵심 단어를 주의해서 듣고 질문 받은 내용을 먼저 답해 줘야 합니다.
시간이 남으면 추가적인 정보를 더해 줄 수도 있습니다.

🍒 1 | 7번 문제 유형

7번 문제에서는 주로 날짜, 시간, 장소 혹은 첫 번째 스케줄을 묻지만 그 외에도 간단한 정보를 물어 봅니다.

1. 날짜, 시간, 장소를 물을 때	대답할 때 자주 쓸 수 있는 표현
• On what date and where will _________ be held? • What is the date of _________ ? • What time does _________ start/begin? • Where will _________ be held? • How much does it cost? • Could you tell me the [date, time, location (venue)] of _________ ?	• (일정) will start • [Title/It] will be held • [Title/It] will take place
2. 첫 번째 스케줄을 물을 때	대답할 때 자주 쓸 수 있는 표현

<table>
<tr><td>

- When does the first session start?
- What is the first __________?
- Who will lead the first session?

</td><td>

- (일정) is scheduled
- The topic is (부제)
- The presenter is (사람 이름)
- (일정) will be led by (사람 이름)

</td></tr>
</table>

 2 | 8번 문제 유형

8번 문제는 주로 일반 의문문으로 추가 정보를 묻거나, 확인 의문문 형태로 잘못된 정보를 정정하거나 추가 설명을 하는 형태로 출제됩니다.

* 주로 취소나 변경된 일정, 혹은 잘못 알고 있는 정보를 정정해 주는 역할을 하게 됩니다.

확인 의문문 형태의 문제	질문 끝 확인 형태	대답할 때 자주 쓸 수 있는 표현
• I heard that ~ • I understand that ~ • I know that ~ • I was told that ~ • As far as I remember ~ • I remember ~	• right? • that won't be a problem, right? • Is it correct? • Is it? • am I right?	질문의 내용이 맞았을 때 • Yes • Sure 질문의 내용이 틀렸을 때 • Actually, no • I'm sorry, but you have the wrong information.

일반 의문문 형태의 문제	질문 끝 확인 형태	대답할 때 자주 쓸 수 있는 표현
• I'm interested in ~ • I want to ~ • I have some questions ~ • How can I ~?	• right? • that won't be a problem, right? • Is it correct? • Is it? • am I right?	질문의 내용이 맞았을 때 • Yes • Sure 질문의 내용이 틀렸을 때 • Actually, no • I'm sorry, but

주로 시간대의 흐름(점심시간 전이나 후 또는 특정 일정의 전이나 후) 혹은 공통 사항(발표자, 프레젠테이션, 업데이트, 워크샵 등)을 묻습니다.

＊ 문제에 details라는 단어가 들리면 도표에 나와 있는 정보를 다 읽어야 합니다.

시간대의 흐름 문제	대답할 때 자주 쓸 수 있는 표현
• Can you tell me all the sessions before (일정)? • Can you tell me all the sessions after (일정)?	• Sure, there will be 2 sessions. • Sure, there are 2 sessions. • First, (일정) • And second, (일정)

공통 사항 문제	대답할 때 자주 쓸 수 있는 표현
• Can you tell me about all the sessions which will be held at (장소)? • Could you give me [all the details, all the information] about the (일정) [lectures, workshops, seminars, updates]? • Can you tell me about all the sessions on (일정)? • Could you please give me details of all the sessions led by (사람 이름)? • Can you give me all of the details of (일정들) _(사람 이름) is leading? • Can you give me all the details of (일정) for (날짜, 요일)?	• Sure, there will be 3 sessions. • Sure, there are 3 sessions. • First, (일정) • Second, (일정) • And lastly, (일정)

Step 2 · 기초 다지기

01 숫자 읽기 연습하기

 **1 ┃ 날짜 읽기**

날짜는 기수가 아닌 서수로 읽는다는 사실을 기억하세요!
월, 일, 요일은 보통 [요일, 월, 일] 순서로 읽고 일(날짜)은 서수로 읽습니다.　　　　P4_01 

표기	읽기
January 1	January first
February 5	February fifth
July 20	July twentieth
Thursday, October 21, 2001	Thursday, October twenty first, two thousand one
Wed, December 22, 2016	Wednesday, December twenty second, two thousand sixteen Wednesday, December twenty second, twenty sixteen

＊ 연도는 2000년을 기준으로 2000년 이전에는 두 자리씩 끊어서 읽으며, 2000년부터는 그대로 읽어 줍니다.

 **2 ┃ 시간 읽기**

시, 분, 오전 또는 오후 순서대로 읽습니다.　　　　P4_02 

표기	읽기
8:30 A.M.	eight thirty A.M.
12:30 P.M.	twelve thirty P.M.
6:00 P.M.	six P.M.
15:30	three thirty
12:00–2:00	from noon to two
12:30–1:30	from twelve thirty to one thirty

 **3 | 금액 읽기**

$는 dollar라고 읽고, $1=100 cents입니다.  P4_03

표기	읽기
$1	one dollar
$8	eight dollars
$2.50	two dollars fifty cents

 **4 | 기타 읽기**

 P4_04

표기	읽기
50%	fifty percent (percent는 무조건 단수형으로 읽어요!)
Room 1A	room one A
Flight #346	flight number three four six

 02 전치사 익히기

Part 4에서 도표를 읽을 때는 적절한 전치사를 붙여서 매끄럽게 문장을 읽어줘야 합니다.

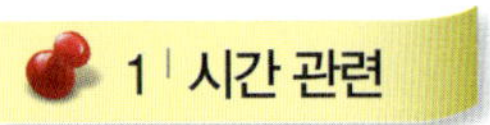 **1 | 시간 관련**

시간 앞에 전치사 at을 붙여서 읽습니다.  P4_05

8:30 A.M.	at eight thirty A.M.

요일이나 날짜 앞에 전치사 on을 붙여서 읽습니다.

January 1	on January first
Thursday, October 21, 2015	on Thursday, October twenty first, two thousand fifteen

월이나 연도 앞에 전치사 in을 붙여서 읽습니다.

January	in January
2017	in twenty seventeen

2 | 장소 관련

실내 혹은 도시, 주, 나라 같이 넓은 장소 앞에 전치사 in을 붙여서 읽습니다.   P4_06 

Room 1A	in room one A
Irvine, California	in Irvine, California

정해진 구체적인 장소 앞에 전치사 at을 붙여서 읽습니다.

Getty Center	at Getty Center

길 이름 앞이나 층을 읽을 때 전치사 on을 붙여서 읽습니다.

Ramona Avenue	on Ramona Avenue
2nd floor	on the second floor

3 | 사람 이름 관련

프레젠테이션이나 수업 이름 이후의 사람 이름 앞에 전치사 by를 붙여서 읽습니다.   P4_07 

Presentation, Sam Morton	presentation by Sam Morton
~ Lecture, Tina Davidson	~ lecture by Tina Davidson

점심, 저녁 스케줄이나 미팅 뒤의 사람 이름 앞에 전치사 with를 붙여서 읽습니다.

Lunch, Sam Morton	lunch with Sam Morton
Client Meeting, Tina Thorn	client meeting with Tina Thorn

직업 앞에는 관사 a, 소속 앞에는 from, 직책 앞에는 the를 붙여서 읽습니다.

Lunch, Sam Morton, CEO of EK	lunch with Sam Morton, the CEO of EK

Step 3 유형별 연습

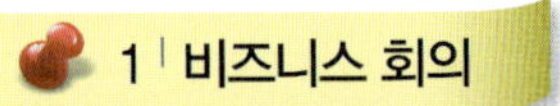
1 | 비즈니스 회의

P4_08 

TOEIC Speaking

Question 7, 8, 9 of 11

TESOL Conference 2015
Saturday, November 14, 2015
Queens University

09:00–09:30 A.M.	Registration
09:30–10:30 A.M.	Competence in Language Teaching – John Roberts
10:30–11:50 A.M.	New ELT Culture – Manny Rodriguez
12:00–1:00 P.M.	Lunch * Free with a coupon
1:00–1:50 P.M.	Interaction in the Classroom – Jeff Hartley
1:50–2:20 P.M.	Break (Book Exhibition)
2:30–3:30 P.M.	Validity of English Assessment Tests – Randy Oh

* Coupons will be distributed during registration.

PREPARATION TIME	00:00:30
RESPONSE TIME	00:00:15, 15, 30

 **질문 듣고 대답해보기**

각 질문과 그에 대한 적절한 답변을 받아쓰기 연습해 보세요.

Narration

Hi, I'll be participating in the TESOL Conference and I was wondering if you could answer some questions regarding it.	안녕하세요, 저는 TESOL 컨퍼런스에 참석할 예정인데요, 제 질문에 대답을 좀 해주셨으면 좋겠습니다.

Q7. ____________ is the ____________ of the conference and ____________ will it be ____________?

컨퍼런스의 날짜는 언제이고 어디서 열리나요?

It'll be held on ____________, ____________________, ____________________

____________________.

그것은 2015년 11월 14일 토요일에 Queens 대학에서 개최될 것입니다.

Q8. ____________ that ____________ is ____________, right?

점심은 제공된다고 들었는데, 맞나요?

____________________________________.

____________________ with a coupon. And the ____________________

____________________.

죄송하지만 잘못된 정보를 갖고 계십니다. 점심은 쿠폰이 있으면 무료이고 쿠폰은 등록 시 배부될 것입니다.

Q9. ____________________ please tell me ____________________________________?

점심시간 이전의 모든 일정을 이야기해 주시겠어요?

Sure, there will be ____________________.

물론입니다, 2개의 일정이 있을 겁니다.

First, Competence in Language Teaching ________ John Roberts will be ____________________

________.

첫째, John Roberts의 언어 교육에서의 역량이 9시 30분부터 10시 30분까지 있을 것입니다.

And second, ____________________ Manny Rodriguez will be ____________

____________________.

둘째, Manny Rodriguez의 새로운 ELT 문화가 10시 30분부터 11시 50분까지 있을 것입니다.

Question 7, 8, 9 of 11

Walden City College Continuing Education Center
Summer Class Schedule

Summer Sessions: June 5 – August 26
Fee: $200 / course

Day	Time	Class	Instructor
Monday	6:00–8:00 P.M.	Dancing: Ballroom Dancing	Ann Dodson
Tuesday	5:00–7:00 P.M.	Theater: Stage Acting	Anderson Key
Wednesday	1:00–3:00 P.M.	Cooking: Asian Cuisine	Josh Fong
Thursday	5:00–7:00 P.M.	Theater: Musical	Paul Jiang
Friday	6:00–8:00 P.M.	Dancing: Salsa Dancing	Joslin Song
Saturday	1:00–3:00 P.M.	Cooking: Desserts	Raymond Reyes

PREPARATION TIME	00:00:30
RESPONSE TIME	00:00:15, 15, 30

 **질문 듣고 대답해보기**

각 질문과 그에 대한 적절한 답변을 받아쓰기 연습해 보세요.

Narration

> Hi, I heard you'll be offering summer classes and I'm very interested in taking a class. I'm hoping you could give me some more information.
>
> 안녕하세요. 여름 학기가 열릴 것이라 들어서 참석하고자 합니다. 정보를 좀 더 주셨으면 좋겠습니다.

Q7. Can you tell me on ________________ the summer classes ________________ and ________________ they ______?

여름 학기가 시작되는 날짜와 끝나는 날짜, 그리고 비용을 알려주시겠어요?

Ⓐ Summer Sessions are ________________ and the fee is ________________.

여름 학기는 6월 5일부터 8월 26일까지이고 비용은 강좌마다 200달러입니다.

Q8. I heard ________________ will be on ________________, right?

Raymond Reyes 요리교실은 수요일이라고 들었는데, 맞나요?

Ⓐ ________________. It'll be held on ________________.

죄송하지만 잘못 알고 계십니다. 그 수업은 토요일 1시부터 3시까지입니다.

Q9. I ________________ from my work ________________. So, can you give me ________________ that I can ________________?

제가 퇴근을 5시 30분에 합니다. 제가 들을 수 있는 수업들에 대해서 자세히 알려주시겠어요?

Ⓐ Sure, there are ________________.

물론, 2개의 수업이 있습니다.

First, Ballroom Dancing class is ______ Mondays ________ 6 ______ 8 P.M. ________ Ann Dodson.

첫째, 월요일 6시부터 8시까지 Ann Dodson의 볼룸 댄스 수업이 있습니다.

And second, Salsa Dancing class is ______ Fridays ________ 6 ______ 8 P.M. ________ Joslin Song.

그리고 둘째, 금요일 6시부터 8시까지 Joslin Song의 살사 댄싱 수업이 있습니다.

TOEIC Speaking

Question 7, 8, 9 of 11

Beta Corporation **Itinerary: James Hernandez**	
Monday, July 21	
9:00 P.M.	Depart from San Jose, Delina Airline Flight #209
10:20 P.M.	Arrive in San Diego (Hard Rock Hotel)
Tuesday, July 22	
11:00 A.M.	Tour of Neo Inc. Production Facility
12:00 P.M.	Meeting: Kirk Johnson, CEO of Neo Inc.
1:00 P.M.	Lunch Meeting: Kirk Johnson, Blue Moon Restaurant
Wednesday, July 23	
10:00 A.M.	Brunch Interview with Amy Thompson, Journalist for *Business Today*
2:00 P.M.	Attend grand opening of Sherway Outlet
6:00 P.M.	Depart for San Jose, Delina Airline Flight #830

PREPARATION TIME	00:00:30
RESPONSE TIME	00:00:15, 15, 30

→**어휘**
- brunch: 아침과 점심 사이에 먹는 간식 내지는 식사
- San Jose는 도시 이름입니다. 남미의 영향으로 J 발음을 H로 읽어서 '샌 호제'라고 읽습니다

Tip 1 이런 개인 일정에서는 대부분 일정의 주인공이 직접 전화를 합니다. 내레이션에서 소개할 때 누가 전화했는지를 잘 들어주세요!

Tip 2 일정표에서는 tour(견학 내지는 여행) 일정이 종종 나옵니다. "Tour of 장소"라고 읽는다고 기억해두면 편리합니다!

 **질문 듣고 대답해보기**

각 질문과 그에 대한 적절한 답변을 받아쓰기 연습해 보세요.

Narration

<table>
<tr>
<td>Hi, this is James Hernandez calling. I'm preparing for my business trip to San Diego and I wanted to check the details of my schedule.</td>
<td>안녕하세요, 전 James Hernandez입니다. 제가 San Diego로 출장을 준비 중인데 제 일정의 세부 사항을 좀 체크하고 싶습니다.</td>
</tr>
</table>

Q7. __________ will I ____________________________ and __________ will I ___________?

제가 언제 San Diego에 도착하고 어디서 묵게 되나요?

A You'll _________________________________ and you'll ____________________

_____________.

당신은 San Diego에 밤 10시 20분에 도착하고 Hard Rock 호텔에서 묵을 겁니다.

Q8. _________________________ who's _________________________. I was hoping

___________________ with him ______________ and it _________________________,

right?

전 San Diego에 사는 친구가 있어요. 그 친구와 화요일에 점심을 함께 하고 싶은데 문제 없겠죠?

A ___________________, _____________ you'll __________ a lunch meeting __________ Kirk

Johnson ________ Blue Moon Restaurant ________ 1 P.M.

죄송하지만 Kirk Johnson 씨와 Blue Moon 식당에서 1시에 점심 약속이 있습니다.

Q9. Can you tell me all the ____________ of my ____________________________

for San Jose?

제가 San Jose로 출발하기 전 수요일의 모든 일정을 알려주시겠어요?

A Sure, there will be ____________________.

물론이죠. 2개의 일정이 있습니다.

First, Brunch Interview ____________ Amy Thompson, _________ journalist for *Business Today* will

be ________ 10 A.M.

첫째, Business Today의 기자인 Amy Thompson과 브런치 인터뷰 약속이 10시에 있습니다.

And second, you'll attend grand opening of Sherway Outlet _______ 2 p.m.

그리고 둘째, Sherway 아울렛의 개점식에 2시에 참석할겁니다.

* 추가 정보 제공 요령은 해설지 참고

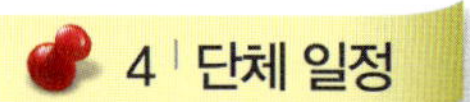

Question 7, 8, 9 of 11

New Discovery Travel's Vacation Package
Summer Getaway to Hawaii
Itinerary

Day 1 (August 7)	1 p.m.	Half-day orientation (Halekulani Hotel)
	7 p.m.	Night tour: Honolulu Night Market
Day 2 (August 8)	8 a.m.	Full-day tour: Big Island
Day 3 (August 9)	6 p.m.	Concert: Waikiki beach
	8 p.m.	Night tour: Honolulu City Ghost Haunts Walking Tour
Day 4 (August 10)	8 a.m.	Full-day trip: Maui
Day 5 (August 11)	9 a.m.	Breakfast: Surf Lanai Restaurant
	3 p.m.	Depart

PREPARATION TIME	00:00:30
RESPONSE TIME	00:00:15, 15, 30

 질문 듣고 대답해보기

각 질문과 그에 대한 적절한 답변을 받아쓰기 연습해 보세요.

Narration

> Hi, this is Stacy Gabik. I heard about your summer getaway package tour to Hawaii and I want to know more about it.
>
> 안녕하세요, 저는 Stacy Gabik이라고 합니다. 귀사의 여름 휴가 하와이 패키지 관광에 대해서 들었는데 좀 더 알고 싶습니다.

Q7. On _______________ does the _______________________ and __________ does it _____________ ?

언제 패키지 관광이 시작되고 언제 끝나나요?

_______________________________ August 7th _______ August 11th.

8월 7일부터 8월 11일까지입니다.

Q8. _______________ you have _____________________ to _______________. Is there any way _______________________ to _______________ for a __________ ?

반나절 Big Island 관광이 있다고 들었습니다. Big Island를 종일 관광으로 여행할 수 있는 방법이 있을까요?

Actually, a full-day tour of Big Island _______________ Day 2, August 8th __________ 8 a.m.

사실, Big Island의 종일 관광은 이틀째인 8월 8일에 오전 8시부터 예정되어져 있습니다.

Q9. I'm _______________________ taking _______________. So, can you give me _______________________ about the _______________ ?

전 야간 관광하는것에 관심이 많아요. 야간 관광들에 대한 자세한 정보들을 모두 주시겠어요?

Sure, there are _______________________.

물론입니다. 2개의 야간 관광이 있습니다.

First, the night tour __________ Honolulu Night Market is __________ Day 1, August 7th __________ 7 p.m.

첫째, 호놀룰루 야시장 야간 관광이 첫 날인 8월 7일에 저녁 7시부터 있습니다.

And second, the night tour __________ Honolulu City Ghost Haunts Walking Tour is __________ Day 3, August 9th __________ 8 p.m.

그리고 둘째, 호놀룰루 시내 괴담 도보 야간 관광이 셋째날인 8월 9일 저녁 8시부터 있습니다.

 5 | 제품 출시 일정

TOEIC Speaking

Question 7, 8, 9 of 11

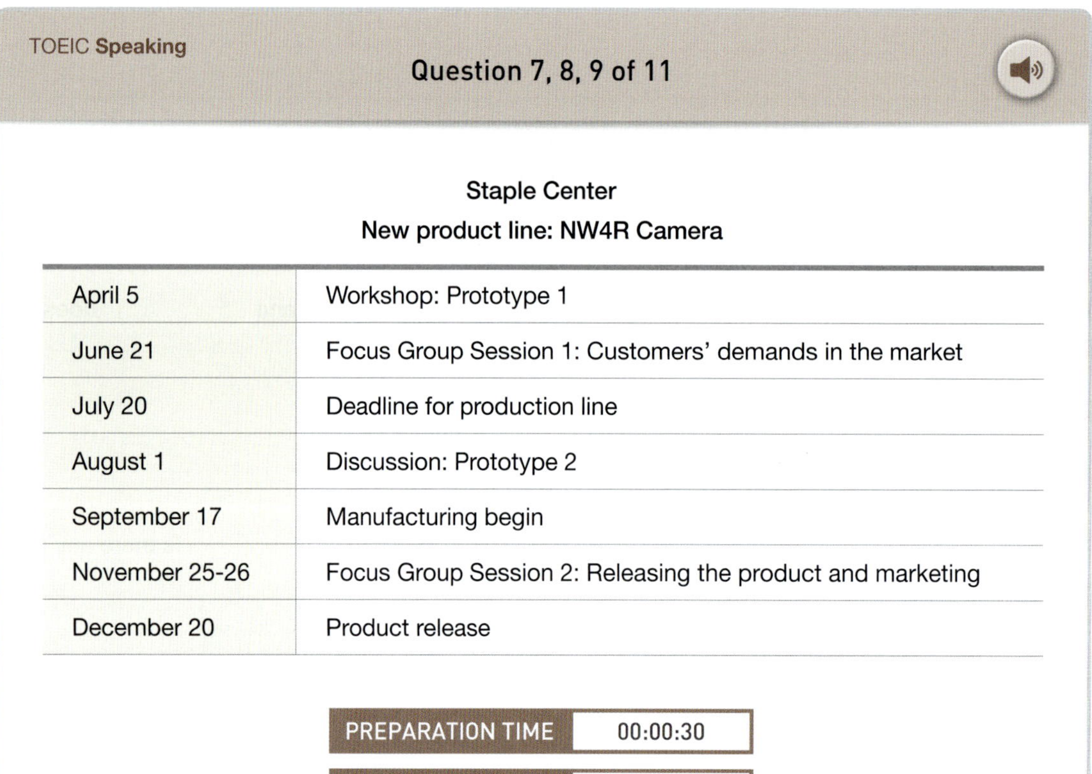

Staple Center
New product line: NW4R Camera

April 5	Workshop: Prototype 1
June 21	Focus Group Session 1: Customers' demands in the market
July 20	Deadline for production line
August 1	Discussion: Prototype 2
September 17	Manufacturing begin
November 25-26	Focus Group Session 2: Releasing the product and marketing
December 20	Product release

PREPARATION TIME	00:00:30
RESPONSE TIME	00:00:15, 15, 30

 질문 듣고 대답해보기

각 질문과 그에 대한 적절한 답변을 받아쓰기 연습해 보세요.

Narration

Hi, this is Kim. I heard that you just finished the timeline for our new NW4R Camera. Since I haven't received a copy yet, I am hoping you can tell me a little bit more about it.

안녕하세요, 저는 Kim입니다. 우리의 새로운 NW4R 카메라의 출시 스케줄이 나왔다고 들었습니다. 제가 아직 사본을 받지 못해서 좀 더 알려주셨으면 합니다.

Q7. _______________ is the _______________ and _________ is it _________?

첫 번째 스케줄 날짜는 언제이고 무엇에 관한 것인가요?

Ⓐ Workshop _________ Prototype 1 _______________ April 5th.

원형 1 워크숍은 4월 5일로 예정돼 있습니다.

Q8. _______________ will _________ in _________. Right?

제조는 6월에 시작되는 거 맞죠?

Ⓐ ____.

Manufacturing _______________ September 17th.

죄송하지만 잘못 알고 계십니다. 제조는 9월 17일에 시작할 것입니다.

Q9. Can you tell me _______________ about _______________?

포커스 그룹 세션에 대한 것들을 모두 말해 줄래요?

Ⓐ Sure, there are _______________.

물론입니다. 2개의 세션들이 있습니다.

First, Focus Group Session 1 _________ Customers' demands in market is _________ June 21st.

첫째, 시장에서의 고객들의 요구 사항에 대한 포커스 그룹 세션 1은 6월 21일에 있습니다.

And second, Focus Group Session 2 _________ Releasing the product and marketing is _________ November 25th _________ 26th.

그리고 둘째, 제품 출시와 홍보에 대한 포커스 그룹 세션 2는 11월 25일부터 26일까지 있습니다.

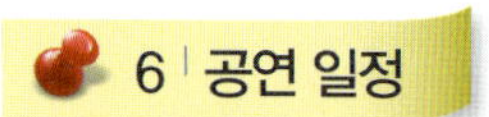

Question 7, 8, 9 of 11

Nightingale Jazz Bands
Concert schedule in Las Vegas
(June 20 – June 25)

Date	Location	Ticket Information
Wednesday, June 20	Bellagio Hotel (Bellagio Ballroom)	$80, All seats
Thursday, June 21	~~Venetian (Sky Lounge)~~ Cancelled	$110, All seats
Friday, June 22	Treasure Island (Garden Ballroom)	$120, All seats
Saturday, June 23	Luxor (Function Centre)	$110, All seats
Sunday, June 24	Mirage (Banquet Hall)	$100, All seats
Monday, June 25	Monte Carlo (Ballroom)	$70, All seats

PREPARATION TIME	00:00:30
RESPONSE TIME	00:00:15, 15, 30

Tip 시험에서는 취소된 일정이 출제되는 경우도 있습니다. 원래 예정되어져 있었으나 취소되거나 연기된 일정을 이야기할 때에는 be supposed to be라는 표현을 쓸 수 있습니다. "원래 ~하기로 되어져 있는"이라는 의미로 사용합니다.
There was supposed to be a (일정) – 원래 (일정)이 예정되어져 있었습니다.
하지만 취소되거나 일정이 연기됐다면 일정 뒤에
[but, it got [cancelled나 delayed] –하지만 그것은 [취소/ 연기] 되었습니다]라고 이야기할 수 있습니다.

 **질문 듣고 대답해보기**

각 질문과 그에 대한 적절한 답변을 받아쓰기 연습해 보세요.

Narration

Hello, this is Keith. I hope you can answer some questions for me about the schedule for the concerts in Las Vegas.	안녕하세요, 전 Keith라고 합니다. 라스베가스에서 열리는 콘서트 스케줄에 대해서 좀 답해주시면 좋겠습니다.

Q7. _______________ do the _______________________ and ___________?

콘서트들은 언제 시작하고 끝나나요?

_______________________________ June 20th _______ June 25th.

콘서트들은 6월 20일부터 6월 25일까지 열릴 것입니다.

Q8. I know that ____ , but _______________

_______________________ about it. Could you please tell me about it?

Venetian에서 콘서트가 있는 것으로 알고 있지만 세부 사항은 모르겠네요. 좀 알려주시겠어요?

_______________________________ a concert _________ Thursday, June 21st

_______________________________ .

원래 콘서트가 6월 21일, 목요일에 예정돼 있었지만 취소되었습니다.

Q9. ____ , so _______________________________

to concerts that are _______________________ . Could you please give me _______________

_______________________ about concerts that _______________________ ?

전 예산이 부족해서 100달러가 넘는 콘서트에 참석할 여력이 안됩니다. 제가 참석할 수 있는 콘서트들에 대한 자세한 정보를 주실 수 있을까요?

Sure, there are _______________________ .

물론입니다. 2개의 콘서트가 있습니다.

First, date is _______________________ , _______________________ . Location is _______________________

_______________________ . Tickets are _______________________ for _______________________ .

첫째, 날짜는 6월 20일 수요일입니다. 장소는 Bellagio Hotel의 Bellagio 볼룸입니다. 티켓은 전 좌석 80달러입니다.

And second, date is _______________ , _______________________ . Location is _______________________

_______________________ . Tickets are _______________________________________ .

그리고 둘째, 날짜는 6월 25일 월요일입니다. 장소는 Monte Carlo의 볼룸입니다. 티켓은 전 좌석 70달러입니다.

Question 7, 8, 9 of 11

Christopher Dougherty
153 Main Street, San Marino, CA, 92710
Telephone: (323) 362-4201
E-mail address: cdougherty@gmail.com

Desired Position	Financial Advisor
Education	Occidental College, Master's Degree in Accounting, 2007 Pomona College, Bachelor's Degree in Business Administration, 2000
Work Experience	Financial Advisor, Madison Graphics 2010–Present Financial Consultant, Dynamic Corporation 2008–2010
Skills & Qualifications	Certified Financial Planner Registered Investment Advisor Fluent in Spanish and French
Reference	Available upon request

PREPARATION TIME	00:00:30
RESPONSE TIME	00:00:15, 15, 30

어휘 학사 Bachelor's Degree 석사 Master's Degree 박사 Doctoral Degree

Tip 이력서 문제는 보통 이력서를 제출한 사람을 면접볼 면접관이 전화해서 면접자의 학력, 경력, 능력을 물어봅니다.

 질문 듣고 대답해보기

각 질문과 그에 대한 적절한 답변을 받아쓰기 연습해 보세요.

Narration

> Hi, I'll be interviewing Christopher Dougherty soon, but I don't have his resume with me. I was hoping you could give me some information about him.
>
> 안녕하세요, 저는 곧 Christopher Dougherty 씨의 면접을 볼 예정이지만 그의 이력서를 갖고 있지 않습니다. 그에 대한 정보를 좀 주셨으면 좋겠습니다.

Q7. _________________ did he get his _________________ from? And __________ did he
_________________ ?

그는 어느 학교에서 석사를 받았습니까? 그리고 언제 받았습니까?

He got his _________________ in Accounting __________ Occidental College _________
2007.

그는 회계학 석사 학위를 Occidental College에서 2007년에 받았습니다.

Q8. Many of our clients _________________ ; will Mr. Dougherty _________________
_______ our _________________ ?

많은 고객분들이 스페인어를 구사합니다. Dougherty 씨가 스페인어를 구사하는 고객분들을 도울 수 있을까요?

Sure, he is _________________________________ .

물론입니다. 그는 스페인어와 불어에 유창합니다.

Q9. _________________________________ of Mr. Dougherty's _________________
_________________ ?

Dougherty 씨의 업무 경력에 대해서 자세히 이야기해 주시겠어요?

Sure, __________ a financial advisor in Madison Graphics __________ 2010 ________ present.

물론입니다. 그는 2010년부터 현재까지 매디슨 그래픽사의 투자 자문입니다.

And _________________ financial consultant ________ Dynamic Corporation _________ 2008
________ 2010.

그리고 그는 2008년부터 2010년까지 Dynamic 그룹의 재무 상담사였습니다.

Question 7, 8, 9 of 11

St. Joseph's Hospital

Schedule of Interviews

Friday, October 21

Conference Room A

Time	Applicant's name	Position
09:00 A.M.	David Lu	Systems analyst
09:30 A.M.	Osman Mohamed	Surgical technologist
10:00 A.M.	Anthony Medina	Data management specialist
10:30 A.M.	Emily Mori	Clinical staff leader
11:00 A.M.	Elizabeth Halpin	Surgery coordinator
11:30 A.M.	Josh Ho	Surgical technologist

PREPARATION TIME	00:00:30
RESPONSE TIME	00:00:15, 15, 30

 질문 듣고 대답해보기

각 질문과 그에 대한 적절한 답변을 받아쓰기 연습해 보세요.

Narration

Hi, this is Andrea Lewis. I'm one of the interviewers for today's job interview but I don't have the timetable for interviews. So, I was hoping you could answer some questions for me.	안녕하세요, 저는 Andrea Lewis입니다. 오늘 면접에 참여할 면접관 중 한 사람이지만 면접 일정표를 가지고 있지 않습니다. 그러므로 제 질문에 대답을 좀 해주셨으면 합니다.

Q7. _____________ is the _______________________ and ___________ will it ___________?

첫 번째 면접은 무엇이고 언제 시작하나요?

🄐 _________________ interview for _____________________ is scheduled _______________.

David Lu의 시스템 분석가 면접이 오전 9시에 예정돼 있습니다.

Q8. ___________________________, there's an interview scheduled for the _______________
_______________________________, right?

수술 코디네이터 면접은 점심 이후로 예정돼 있는 것으로 기억하는데, 맞나요?

🄐 ____.
_________________________________ is scheduled _______________.

죄송하지만 잘못된 정보를 갖고 계십니다. Elizabeth Halpin의 면접은 오전 11시에 예정돼 있습니다.

Q9. Can you give me all the details of the _____________________________
___________________________?

수술 기술 전문가 면접에 대해서 자세히 알려주시겠어요?

🄐 Sure, there are _____________________.

물론이죠. 면접이 2개 있습니다.

First, _________________________________ is scheduled _________ 9:30 a.m.

첫째, Osman Mohamed의 면접이 오전 9시 30분에 예정돼 있습니다.

And seond, _______________________________ is scheduled _________ 11:30 a.m.

그리고 둘째, Josh Ho의 면접이 오전 11시 30분에 예정돼 있습니다.

01

TOEIC **Speaking**

Question 7, 8, 9 of 11

Orange Community Center
Cooking Class Calendar
All classes $20: attendees must be 12 or older

Date	Class	Instructor
May 21	Introduction to desserts	Zoey, Pastry chef, Fine Desserts
June 26	Sweetened Whipped Cream Recipe	Carol, Assistant Chef, Heavenly Delite
July 13	Selecting ingredients for pies	Ian, Produce manager, Ralph's
August 20	Cupcakes and frosting from scratch	Zoey, Pastry Chef, Fine Desserts
September 2	How to make low fat cakes	Tom, Pastry Chef, Heavenly Delite
October 12	Preparing beverages	Frank, Barista, Heavenly Delite

PREPARATION TIME	00:00:30
RESPONSE TIME	00:00:15, 15, 30

TOEIC **Speaking**

Question 7, 8, 9 of 11

7th Agriculture and Technology Conference
November 5th
Sunny Hill Hotel
Fee: $70 in advance, $100 at the door

Schedule

8:30 a.m. - 9:00 a.m.	Registration (pastry, coffee available)
9:00 a.m. - 10:00 a.m.	Changes in agricultural technology
10:00 a.m. - Noon	Introducing new technology (informational video)
Noon - 2:00 p.m.	New products in market: Current Options
2:00 p.m. - 3:00 p.m.	Catered lunch (vegetarian options available)
3:00 p.m. - 4:00 p.m.	New ways for Protecting Crops
4:00 p.m. - 5:00 p.m.	Question and Answer Sessions

PREPARATION TIME	00:00:30
RESPONSE TIME	00:00:15, 15, 30

PAGODA TOEIC SPEAKING 초급

PART 5

Propose a solution

전화 메시지에 대한
답변 메시지 남기기
혹은 회의 중 안건에 대한
의견 제시하기

Step 1. 유형 파악하기 | **Step 2.** 기초 다지기 | **Step 3.** 유형별 연습 | **Step 4.** 실전 연습

01 Part 5 한눈에 보기

지시문 화면

TOEIC Speaking 
Question 10 of 11

Question 10: Propose a solution

Directions: In this part of the test, you will be presented with a problem and asked to propose a solution. You will have 30 seconds to prepare. Then you will have 60 seconds to speak.

In your response, be sure to
- show that you recognize the problem, and
- propose a way of dealing with the problem.

지시문이 화면에 제시되는 동시에 성우가 지시문을 읽어 줍니다.

기존 유형

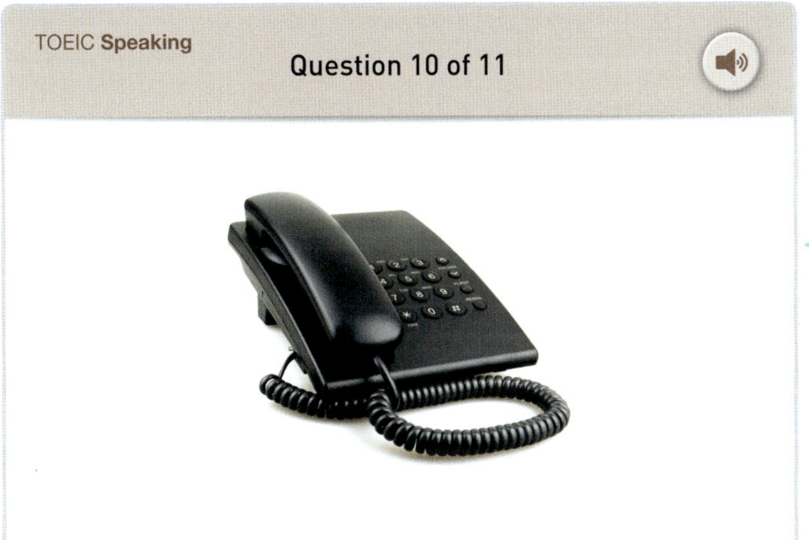

지시문 화면 바로 후에 전화기 사진이 나오면서 누군가가 남긴 전화 메시지 내용을 헤드셋을 통해서 들을 수 있습니다. 메시지가 끝나면 다음 화면으로 자동으로 넘어갑니다.

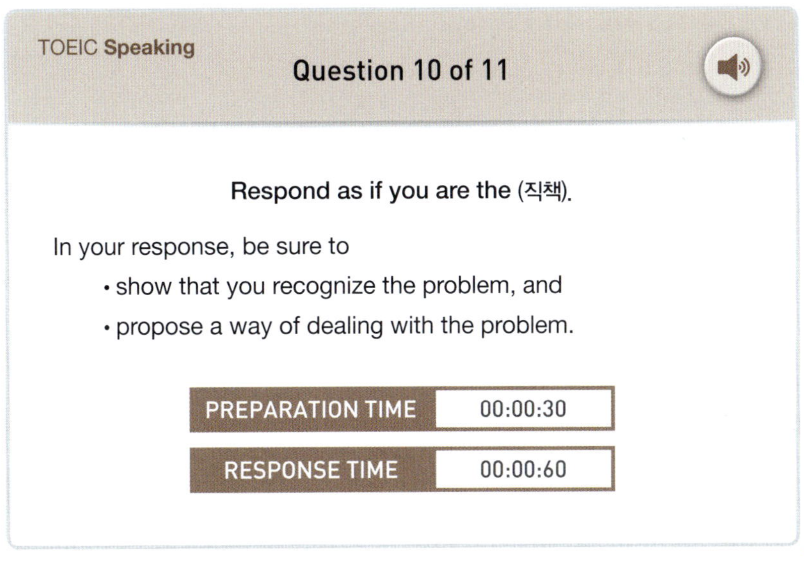

화면이 바뀌며 "Begin preparing now"라는 음성이 나옵니다. '삐' 소리 이후 30초의 준비 시간이 주어집니다. 30초가 끝나면 바로 "Begin speaking now"라는 음성이 나온 후 60초의 답변 시간이 주어집니다.

화면에 '마치 당신이 (직책)인 것처럼 대답하세요'라는 문장이 제시되므로 답변할 때 이용하면 됩니다.

신 유형 新

신 유형은 기존의 유형과 비슷하지만 회의실에서 오가는 대화를 듣고 해결책을 제안하는 문제입니다.

지시문 화면 바로 후에 회의실 사진이 나오면서 회의 대화 내용을 헤드셋을 통해서 들을 수 있습니다. 대화가 끝나면 다음 화면으로 자동으로 넘어갑니다.

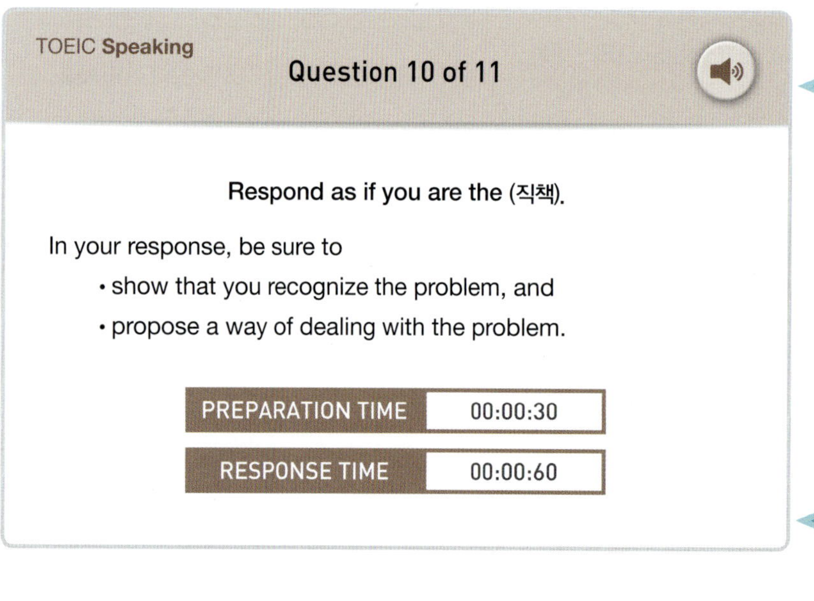

화면이 바뀌며 "Begin preparing now"라는 음성이 나옵니다. '삐' 소리 이후 30초의 준비 시간이 주어집니다. 30초가 끝나면 바로 "Begin speaking now"라는 음성이 나온 후 60초의 답변 시간이 주어집니다.

화면에 '마치 당신이 (직책)인 것처럼 대답하세요'라는 문장이 제시되므로 답변할 때 이용하면 됩니다.

02 Part 5 특징 알아보기

목적	기존 유형과 신 유형 모두 다양한 업무 상황 설정을 통해서 주제를 파악하는 듣기 능력 및 문제 이해력과 문제점을 해결할 수 있는 문제 해결 능력을 측정한다. • 기존 유형: 회사 내의 누군가가 남긴 전화 메시지 듣기 • **신 유형: 회사 내의 회의 상황으로 두 사람의 대화 듣기**
문항 수	1개(Question 10)
답변 준비 시간	30초
답변 시간	60초
점수	5점 만점
평가 기준	• 발음(Pronunciation)　　• 억양(Intonation) • 문법(Grammar)　　• 어휘(Vocabulary) • 일관성(Cohesion)　　• 내용의 연관성(Relevance of content) • 완성도(Completeness of content)

평가 지침	점수	특징
	5	메시지를 남긴 상대방과 자신의 관계를 이해하고, 조리 있게 상황에 연관된 응답을 한다. 어휘를 정확하게 사용하고, 기본 구문과 복합 구문을 적절히 사용한다. 말 속도가 적절하고 억양과 강세가 자연스럽다.
	4	메시지를 남긴 상대방과 자신의 관계를 이해한다. 구문의 사용이 다양하지 못하고, 발음, 억양을 이해하기 힘들 때가 있지만 전반적인 의사전달은 명확하다.
	3	문제점의 일부 또는 전부를 배제한 해결책을 제시한다. 따라서 문제와 관련은 있으나 뜻이 모호한 답변을 한다. 문법 실력이 부족하고, 어휘가 제한적이다. 기본 내용을 짧고 단순한 구문들로 표현한다.
	2	문제점과 관련 없는 답변을 한다. 어휘가 아주 제한적이며 같은 말을 반복한다. 말을 더 듣거나 긴 침묵이 있다. 발음, 억양, 강세가 부정확해서 이해하기 힘들다.
	1	문제를 이해했다는 증거가 전혀 없거나 내용을 잘못 이해한다. 답변이 전혀 이해가 되지 않는다. 모국어가 튀어나오기도 한다.
	0	답변을 전혀 하지 않았거나 문제와 전혀 다른 말을 한다.

핵심 능력(skill)	• 브레인스토밍　　• 전화 영어 • 청취 능력(Listening skill)　　• 유창성(Proficiency)

 **Part 5 핵심 전략 알아보기**

◉ **스피킹이지만 리스닝을 잘 하자!**
   Part 5에서는 볼 수 있는 지문이 따로 없고, 메시지도 한 번만 들려주기 때문에 최대한 집중해서 들어야 합니다. 누가, 어떤 내용의 메시지를 남겼는지, 혹은 어떤 내용의 회의를 했는지를 파악하는것이 중요합니다.

◉ **들은 전화 메시지 혹은 회의 내용을 재활용하자!**
   전화 메시지 혹은 회의 대화에서 들은 문제점과 요구 사항을 요약하여 답변을 제시할 때 사용하면, 답변의 절반을 쉽게 완성할 수 있습니다.

◉ **핵심 키워드를 익히자!**
   공통적으로 사용되는 전화용어와 유형별로 자주 사용되는 어휘 및 표현을 평소에 외워둬야 합니다.

 **질문 유형 알아보기**

질문 종류	세부 내용
불만 및 요청 사항	• 쇼핑 관련: 상품 파손 · 교환 · 환불, 배송 오류 · 지연 • 예약 관련: 티켓 및 호텔 예약에 잘못된 정보 (이름, 날짜, 시간 등) • 은행 관련: 카드 청구서 오류 · 카드 회수가 되지 않는 ATM 기계
회사 업무 및 직장 관련 도움 또는 조언 요청	• 회사 행사 관련: 일정 · 장소 · 참가 인원 수 등에 관한 문의 전화 • 대체 근무 및 기타 스케줄 조절 관련 • 다른 부서에서 인력 또는 자료 요청 • 회사 정보 요청 또는 인터뷰 요령 요청
기타 정보 요청 및 도움 요청	• 기술자의 도움 요청 (제품 및 서비스 A/S) • 공공장소에서의 물건 분실 또는 신용카드 분실 • 기타 조언 요청

05 준비 시간 활용하기

⊙ **전화 메시지 혹은 회의 상황에서 들은 문제점을 머릿속으로 정리 및 요약합니다.**
본인이 문제를 해결해야 하는 사람이라는 것을 기억하면서 깔끔하게 문제점을 요약하고 해결책도 제시해야 합니다.

⊙ **문제점에 대한 해결책을 브레인스토밍 합니다.**
준비 시간에 브레인스토밍을 해 놓아야 답변할 때 조급함을 줄일 수 있습니다.

⊙ **핵심 키워드를 영어로 생각해 놓습니다.**
답변이 바로바로 나올 수 있도록 많이 쓰이는 답변들을 외워 두면 좋습니다.

 **01 흐름 파악하기**

가장 먼저 질문과 답변의 흐름을 파악해 봅시다.

전화 메시지 / 회의 상황에서 파악해야 할 내용
❶ 상대방의 문제점
❷ 구체적으로 내게 원하는 것

나의 답변에 포함되어야 할 내용
❶ 내 이름
❷ 내 직책
❸ 문제점 요약
❹ 해결책 제시
❺ 끝맺음 인사

 **02 전화 메시지 혹은 회의 상황에 사용되는 표현 알아두기**

전화 또는 회의 상황의 용어를 익혀두어야 당황하지 않고 내용을 잘 파악할 수 있습니다.

Hello, this is ~ calling from ~. 안녕하세요, 저는 (어디서) 전화하는 (누구)입니다.
Hello, this is ~, ~ of ~. 안녕하세요, 저는 (소속)의 (직책), (누구)입니다.

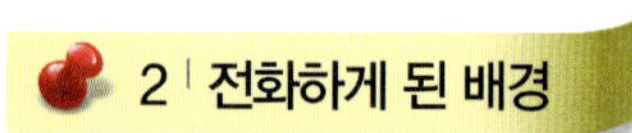

I'm calling about ~, (~용건) 때문에 전화 드립니다.
I'm supposed to ~, ~하기로 되어 있는 사람입니다.
I would like to ~, ~하길 원합니다.
As you know ~, 당신이 알다시피, (용건)
You see, ~ 알죠, (용건)

 **3 | 문제점 제시**

But, 하지만
However, 하지만
The problem is that ~ 문제는 ~입니다.
The thing is ~, 그게(문제는) ~입니다.
Unfortunately, 안타깝게도, 불행하게도

 **4 | 구체적으로 원하는 사항**

Could you ~ ~해주실 수 있습니까?
Would it be possible for me to ~ 제가 (이렇게) 해도 될까요?
I would like to ~ 저는 (이렇게) 하길 원합니다. 저는 (이렇게) 했으면 좋겠습니다.
It would be great if you could ~ ~해주시면 감사하겠습니다.

 **03 전화 메시지 혹은 회의 상황의 요점 파악하기**

방금 배운 표현들 중심으로 전화 메시지 / 회의 내용을 들어봅시다. 내용의 요점을 크게 세 개로 나누면 아래와 같습니다.
❶ 상대방 이름
❷ 전화 또는 회의하게 된 목적
❸ 내가 대응해야 하는 구체적인 요구 사항

04 전화 메시지를 남길 때 사용되는 표현 알아두기

 1 | 전화 메시지 혹은 회의 내용이 전혀 파악되지 않았다면

P5_01 

Hi, this is (이름), *(직책, 소속).
I just received your message about the issue that is troubling you.
First of all, I'm sorry to hear that, but please don't worry about it.
I'm happy to say that I have a lot of great suggestions to make.
However, the list of suggestions is really long.
So, I'll write you an e-mail to you right away.
Please check it and call me back if you have any questions.
Have a great day. Bye!

안녕하세요, 저는 (직책, 소속)의 (이름)입니다.
문제가 되는 이슈가 있다는 메시지를 지금 막 받았습니다.
먼저, 그런 말을 듣게 되어 유감입니다만 걱정하지 마세요.
제가 여러 해결책을 갖고 있다고 말할 수 있어서 다행입니다.
하지만 그 해결책 리스트가 너무 길어서요.
제가 지금 바로 이메일을 쓰겠습니다.
확인해 보고 궁금한 점 있으면 전화주세요.
좋은 하루 보내세요. 안녕히 계세요!

* 직책은 화면에 'Respond as if you are (직책)'이라고 명시되어 있습니다.

 2 | 반복적으로 들리는 핵심 키워드만 이해한 경우

P5_02 

Hi, this is (이름), *(직책, 소속), calling about the (핵심 키워드) problem.
I understand that we're having a problem with the (핵심 키워드) issue.
But, we don't know how to handle the problem.
So you need my help with the (핵심 키워드) problem, right?
First of all, I'm sorry to hear that, but please don't worry about it.
I'm happy to say that I have a lot of great suggestions to make.
However, the list of suggestions is really long.
So, I'll write you an e-mail right away.
Please check it and call me back if you have any questions.
Have a great day. Bye!

안녕하세요, 저는 (직책, 소속)의 (이름)으로, (핵심 키워드) 문제 때문에 전화했습니다.
(핵심 키워드) 이슈에 관한 문제가 있다고 들었습니다.
하지만 어떻게 해결해야 하는지 모릅니다.
그래서 (핵심 키워드)에 관한 제 도움이 필요하신 거 맞죠?
먼저, 문제가 있다는 말을 듣게 되어 유감입니다만 걱정하지 마세요.
제가 여러 해결책을 갖고 있다고 말할 수 있어서 다행입니다.
하지만 그 해결책 리스트가 너무 길어서요.
제가 지금 바로 이메일을 쓰겠습니다.
확인해 보고 궁금한 점 있으면 전화주세요.
좋은 하루 보내세요. 안녕히 계세요!

* 직책은 화면에 'Respond as if you are (직책)'이라고 명시되어 있습니다.

3 ┃ 내용을 들었다면

Hi, this is (이름), *(직책, 소속), calling about the (핵심 키워드) problem.

I understand that we're having a problem because (문제점 요약).

[And/But], we don't know how to handle the problem.

So you need my help with the (핵심 키워드) problem, right?

First of all, I'm sorry to hear that we're in trouble.

But, please don't worry because I have a good suggestion to make.

I think we should (해결책).

I hope you are satisfied with this suggestion.

Have a good day. Bye!

안녕하세요, 저는 (직책, 소속)의 (이름)으로, (핵심 키워드) 문제 때문에 전화했습니다.

(문제점 요약)에 문제가 있다고 들었습니다.

[그리고/하지만] 어떻게 해결해야 하는지 모릅니다.

그래서 (핵심 키워드) 문제에 대해서 제 도움이 필요하신 거 맞죠?

먼저, 우리에게 문제가 있다는 말을 듣게 되어 유감입니다.

하지만 걱정하지 마세요. 제가 좋은 해결책을 제안할 수 있기 때문입니다.

제 생각에 우리는 (해결책)을 해야 합니다.

이 해결책이 마음에 들었으면 좋겠습니다.

좋은 하루 보내세요. 안녕히 계세요!

---

* 직책은 화면에 'Respond as if you are (직책)' 이라고 명시되어 있습니다.

1 | 물품 부족

P5_04

> Hello, this is Miriam. Since you're my manager, I need your help. As you know, I'm going to
> _______________ and I've been planning to use a _______________ for my presentation.
> However, I just found out that _______________ so our
> technical support team is planning to _______________. The problem
> is that I was informed that _______________ but
> _______________. So now, I can't
> provide visual aid to our clients and it will leave bad impression to our clients. Since it's too late
> to _______________, I really need your advice on what to
> do. Since my presentation is tomorrow, I really need your help soon. Please call me back as soon
> as possible. Again, it's Miriam.

핵심 키워드 _______________

문제점 요약

>> 당신은 프레젠테이션 때 프로젝터를 쓰고 싶어요.
____

>> 그런데 우리 프로젝터가 고장 났어요.
____

>> 다음 주에 교체될 거예요.
____

>> 그런데 당신은 정말 프로젝터가 필요해요.
____

가능한 해결책

>> We should rent a portable projector for tomorrow's meeting.
내일 회의에 사용할 휴대용 프로젝터를 빌려야 합니다.

LEVEL 6 굳히기

If you don't like this suggestion, why don't you use my projector? I have a portable projector at home. I could bring it in.

만약 이 제안이 마음에 들지 않으시면 제 프로젝터를 쓰는 건 어떨까요? 저의 집에 휴대용 프로젝터가 있거든요. 그걸 갖고 올 수 있습니다.

답변 완성하기   P5_05

Respond as if you're the manager.

Hi, this is (이름), the manager, calling about the ________________ problem.

I understand that you're having a problem because ________________________

____ , ________________________________

____ . ________________________________

________________ . ____ .

And, you don't know how to handle the problem.

So you need my help with the ________________ problem, right?

First of all, I'm sorry to hear that you're in trouble.

But, please don't worry because I have a good suggestion to make.

I think we should ____ .

I hope you are satisfied with this suggestion.

Have a good day. Bye!

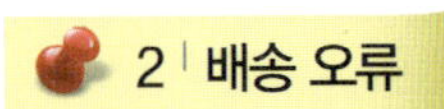

Hello, this is Evalynn, the manager here at ABC furniture store. Since you're the owner, I'm calling about a problem that I need your help with. As you know, ___________________________ ____. The bookshelves come in a box so our customers can assemble them at home. So, ___________________________________ ____________________ this morning and I found a big problem. ___________________________ _________________________________, so ____ _______________________________. I've checked other boxes and ___________________________ _______________________________. I've contacted the factory and they're going to send replacements, but ____. We've been advertising our sale heavily, so we don't want to let our customers down. So what can we do with the customers who come in for the sale before we get replacements? Since our store opens soon, please call me as soon as possible. Again, it's Evalynn.

핵심 키워드 ____

문제점 요약

>> 우리의 특별 세일이 오늘 시작해요.

____

>> 샘플 책장을 조립하려고 했지만 할 수 없었어요.

____

>> 박스에 잘못된 나사들이 들어 있어요.

____

>> 다음 주까지 나사를 받지 못할 거예요.

____

가능한 해결책

>> We should offer a free delivery service and a 10 percent discount for customers who want to buy the bookshelf until we get the replacements. Also, we should offer sincere apology.

우리에게 대체품이 올 때까지 책장 구입을 희망하시는 고객님들께 무료 배송 서비스와 10퍼센트 할인을 제공해야 합니다. 또한 진심 어린 사과를 해야 합니다.

LEVEL 6 굳히기

If you don't like this suggestion, why don't we take a reservation first? You should also provide small gifts for our customers to show our appreciation to our loyal customers.

만약 이 제안이 마음에 들지 않는다면 예약을 먼저 받는 건 어떨까요? 또한 우리 고객들께 감사를 표하는 의미로 작은 선물을 제공해야 합니다.

답변 완성하기

P5_07

Respond as if you are the owner of ABC furniture store.

Hi, this is (이름), the owner, calling about the _________________ problem.

I understand that you're having a problem because ____

________________, ____

____.

____.

____.

And, you don't know how to handle the problem.

So you need my help with the _________________ problem, right?

First of all, I'm sorry to hear that you're in trouble.

But, please don't worry because I have a good suggestion to make.

I think you should ____

____

____

____.

I hope you are satisfied with this suggestion.

Have a good day. Bye!

🍒 3 | 리모델링 문제

Hello, it's Marian, the owner of Bristol Office Supplies. Since you're the store manager, I need to discuss a potential issue regarding ____.
As you know, ____ while replacing shelves and lightings. However, we're worried that our customers may ____ ____ in our store during the renovation.
Although we've thought about ____, we're afraid that ____. We want to make sure that our customers have pleasant shopping experience. Please call me back with some ideas that will be helpful for our customers to find what they're looking for during our renovation. Again, it's Marian.

핵심 키워드 ____

문제점 요약

>> 곧 가게를 리모델링 할 거예요.

____

🔵어휘 renovation 리모델링

>> 그런데, 리모델링 하는 동안 가게를 열 거예요.

____

>> 그래서 고객들이 물건을 못 찾을까 걱정됩니다.

____

>> 표지판을 설치한다 해도 고객들이 못 볼 것 같아요.

____

>> 하지만 고객들을 만족시키고 싶어요.

____

가능한 해결책

>> We should give away flyers for their shopping and put some signs at the entrance. So, people will know where to find things.

쇼핑에 필요한 전단지를 배포하고 입구에 표지판을 설치해야 합니다. 그러면 사람들이 물건을 어디에서 찾아야 하는지 알 것입니다.

🔵어휘 give away 나눠주다 flyer 전단지 where to find 어디서 찾을지

Tip 내용의 해석보다는 단어들 위주로 계속 읽어가면서 어떤 단어들이 있는지 파악해 두는 게 좋아요!

LEVEL 6 굳히기

If you don't like this suggestion, why don't we set up some computers in the store? We can install some computers so our customers can look for products they're looking for at their convenience.
만약 이 제안이 마음에 들지 않는다면 매장에 컴퓨터를 설치하는 건 어떨까요? 컴퓨터를 설치하면 우리 고객들이 찾는 제품을 편리한 때에 찾을 수 있어요.

답변 완성하기

P5_09

Respond as if you're the store manager.

Hi, this is (이름), the store manager, calling about the _________________ problem.
I understand that we're having a problem since ___________________________________.
____.
____. ___________________________,
____. _________________________________.
But you don't know how to handle the problem.
So you need my help with _________________ problem, right?
First of all, I'm sorry to hear that we're in trouble.
But, please don't worry because I have a good suggestion to make.
I think we should ____
____
____.

I hope you are satisfied with this suggestion.
Have a good day. Bye!

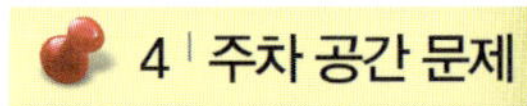
4 | 주차 공간 문제

> Hello, it's Fred, the senior manager of Max Accounting Firm. Since you're my assistant, I need your idea. You see, ________________________________ so we can't use most of our parking lot. However, ________________________________. So, we've made an agreement with a nearby high school ________________________________ ________________________________. However, ________________________________ and some of our employees have to work overtime to meet deadlines for important projects. We have to make sure ________________________________ ____________ from the school parking lot ________________________________ and ______ ________________________________. So, please call me back with your plan as soon as possible. Again, it's Fred.

핵심 키워드 ________________________________

문제점 요약

>> 주차장이 리모델링 중입니다.

____

>> 그래서 우리 직원들은 근처 고등학교에 주차합니다.

____

>> 학교가 문 닫기 전에 차를 이동시켜야 합니다.

____

>> 그런데 우리 직원들은 종종 야근합니다.

____

가능한 해결책

>> We should ask our employees to park their cars in our parking lot if they have to work overtime.
직원들에게 야근해야 한다면 차를 우리 주차장에 주차하도록 부탁해야 합니다.

LEVEL 6 굳히기

If you don't like this suggestion, why don't we ask our employees to use public transportation?

We can reimburse our public transportation fare for our employees.

만약 이 제안이 마음에 들지 않는다면 우리 직원들에게 대중교통을 이용해달라고 부탁하는 건 어떨까요? 우리 직원들을 위해 대중교통 비용을 환급해줄 수 있습니다.

답변 완성하기

P5_11 🎧

Respond as if you're the assistant.

Hi, this is (이름), your assistant, calling about the _________________ problem.

I understand that you're having a problem since _________________

_________________. _________________

_________________. _________________

_________________. _________________

_________________.

So you need my help with the _________________ problem, right?

First of all, I'm sorry to hear that you're in trouble.

But, please don't worry because I have a good suggestion to make.

I think we should _________________

_________________.

I hope you are satisfied with this suggestion.

Have a good day. Bye!

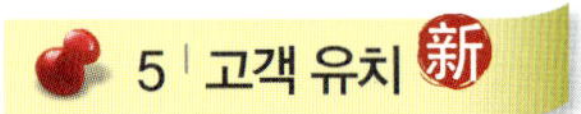 5 | 고객 유치 新

> **Man:** We have one more topic to discuss at today's meeting. Since you're all branch managers, I need your help. Our company always carried ____. But, recently, we've started to carry ____. The problem is that ____ so they don't buy them.
>
> **Woman:** Wow, that's a big problem. But, those instruments are excellent quality and they have ________________________. We only need to ____, right?
>
> **Man:** Exactly! So, I need your ideas on how we ____ to people. Please call me after the meeting with your ideas.

핵심 키워드 ____

문제점 요약

>> 우리는 인기 있는 악기들을 취급했어요.

____

>> 그런데 최근에 이국적인 악기를 취급하기 시작했어요.

____

>> 사람들이 악기들에 대해 잘 몰라서 사지 않아요.

____

>> 사람들에게 이 악기들에 대해 알리고 싶어요.

____

가능한 해결책

>> We should make a video of those instruments and put it on social networking websites so people can learn the sound and how to play them. Since words on the Internet spread like wildfire, it'll work for sure.

사람들이 이 악기들의 소리와 연주법에 대해서 알 수 있도록 비디오를 만들어서 소셜 네트워킹 웹사이트에 올려야 해요. 인터넷상에서 말은 빨리 퍼지니까 효과 있을 거예요.

LEVEL 6 굳히기

If you don't like this suggestion, why don't we offer free lessons for our customers who purchase the instruments?

만약 이 제안이 마음에 들지 않는다면 악기를 구매하는 고객들에게 무료 레슨들을 제공하는 건 어떨까요?

답변 완성하기　　　　　　　　　　　　　　　　　　　　　　　　　　　　　P5_13

Respond as if you're one of the branch managers.

Hi, this is 이름), the branch manager, calling about the ______________________________ problem.

I understand that we're having a problem since ____________________________________

__________________________. ____

______________________. ____

_______________________________________. ____________________________________

____.

But, you don't know how to handle the problem.

So you need my help with the ____________________________________ problem, right?

First of all, I'm sorry to hear that we're in trouble.

But, please don't worry because I have a good suggestion to make.

I think we should ____

____.

____.

I hope you are satisfied with this suggestion.

Have a good day. Bye!

6 | 피드백 받기

Hello, it's Melissa, the general manager of Hi-Life Burger. Since you're the assistant manager, I need your ideas on _____________________ from our customers. The owner wants to _____________________ so we can _____________________. But, we're not sure _____________________ in our store. So, we want to _____________________. Although we've _____________________ to our customers at our store, _______ _____________________. And _____________________, some of them didn't take it seriously. However, we _____________________ so we can _____________________. So, please call me back with your plan. Again, this is Melissa.

핵심 키워드 _____________________

문제점 요약

>> 새 메뉴를 추가하고 싶어요.

____

>> 그런데 손님들이 어떤 메뉴를 원할지 모르겠어요.

____

>> 그래서 손님들한테 피드백을 받고 싶어요.

____

>> 가게에서 설문조사 했었지만 잘 안됐어요.

____

가능한 해결책

>> We should provide small gifts for our participants. Then, more people will be interested in our survey.
참가자들에게 조그마한 선물을 제공해야 해요. 그러면 더 많은 사람들이 우리의 설문조사에 관심을 가질 거예요.

LEVEL 6 굳히기

If you don't like this suggestion, why don't we hold promotion events on social networking websites? Since words on the Internet spread like wildfire, it'll work for sure.

만약 이 제안이 마음에 들지 않는다면 소셜 네트워킹 웹사이트에서 홍보 이벤트를 개최하는 건 어떨까요? 인터넷상에선 말이 빨리 퍼지니까 반드시 효과가 있을 겁니다.

답변 완성하기

P5_15

Respond as if you're the assistant manager.

Hi, this is (이름), the assistant manager, calling about the ________________ problem.

I understand that we're having a problem since ________________________________.

____.

____.

____.

But, you don't know how to handle the problem.

So you need my help with the ________________ problem, right?

First of all, I'm sorry to hear that we're in trouble.

But, please don't worry because I have a good suggestion to make.

I think we should ____.

____.

I hope you are satisfied with this suggestion.

Have a good day. Bye!

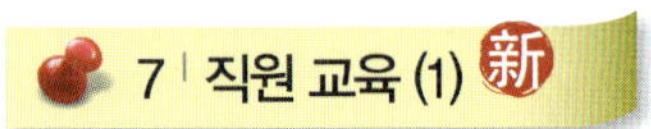

7 | 직원 교육 (1) 新

Woman: We have a problem. _________________________________ in our technical support team. And whenever there are meetings, _________________________________ with their _________________. So, when there are _________________________, we _________________.

Man: That's a big problem. If our _________________________, they can _________________________ during their presentations to our clients. And it might _________________________ to our clients.

Woman: Exactly! Since we _________________________, we have to do something to manage all the meetings _________________________. So I need all of your ideas. Please call me with your ideas after this meeting.

핵심 키워드 _________________________________

문제점 요약

>> 우리에게는 기술자들이 4명밖에 없어요.

____

>> 그러나 회의를 할 때 우리 직원들은 우리 기술자들의 도움을 필요로 해요.

____

>> 4개 이상의 회의가 있을 때엔 도움을 못 받아요.

____

>> 하지만 더 이상의 기술자들을 채용할 수 없어요.

가능한 해결책

>> We should hold training sessions for our employees. So, they can learn how to prepare for meetings.
우리 직원들에게 교육과정을 열어줘야 해요. 그러면 직원들이 회의를 어떻게 준비해야 하는지 배울 거예요.

If you don't like this suggestion, why don't we make a training video and put it on our website?
Then, our employees can watch it at their convenience.
만약 이 제안이 마음에 들지 않는다면 교육 비디오를 만들어서 우리 웹사이트에 올리는 건 어떨까요? 그러면 우리 직원들이 편리한 때에 볼 수 있을 거예요.

답변 완성하기

P5_17

Respond as if you are the manager.

Hi, this is (이름), the manager, calling about the ________________ problem.
I understand that we're having a problem because ________________________________.
____.
____.
____.
But, we don't know how to handle the problem.
So you need my help with the ________________ problem, right?
First of all, I'm sorry to hear that we're in trouble.
But, please don't worry because I have a good suggestion to make.
I think we should ____.
____.
I hope you are satisfied with this suggestion.
Have a good day. Bye!

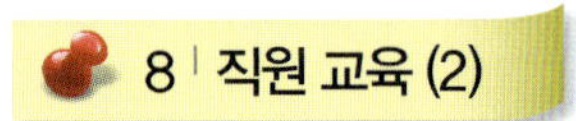

Hello, it's Tina from sales department here at Lamarcia Coffee Company. Since you're the head of human resources, I'd like your help with our new employees' problem. As you know, we ____. And our new employees have _______________________________________ and _______________________________ _________________________. The problem is that _______________________________________ that they had to ____ they wanted because our employees didn't have ____. However, we've _______________________________________ to the new employees. What can we do to help our employees, so that we can provide better help for our customers? Please call me back with a training plan to help our employees. Again, it's Tina.

핵심 키워드 ____

문제점 요약

>> 최근에 새로운 직원들을 채용했어요.

____

>> 그런데 몇몇 고객들이 직원들에 대해 불만을 제기했어요.

____

>> 그들이 말하길 우리 직원들이 우리 제품을 잘 모른대요.

____

>> 하지만, 우리는 이미 교육을 시켰어요.

____

가능한 해결책

>> We should make training videos about our products and put it on our website. We can give them a test monthly. Then, they'll keep studying our products.

우리 제품에 대한 교육 비디오들을 만들어서 웹사이트에 올려야 해요. 한 달에 한 번씩 시험을 치르도록 해요. 그러면 직원들이 우리 제품 공부를 계속할 거예요.

If you don't like this suggestion, why don't we hold a weekly training session? So we can train our employees more efficiently.

만약 이 제안이 마음에 들지 않는다면 매주 교육을 하는 건 어떨까요? 그러면 우리가 좀 더 효과적으로 직원들을 교육시킬 수 있을 거예요.

답변 완성하기

P5_19

Respond as if you're the head of human resources.

Hi, this is (이름), the head of human resources, calling about the ___________________ problem.
I understand that we're having a problem since ___________________
___________________ . ___________________
___________________ . ___________________
___________________ . ___________________
___________________ .
And, you don't know how to handle the problem.
So you need my help with ___________________ problem, right?
First of all, I'm sorry to hear that we're in trouble.
But, please don't worry because I have a good suggestion to make.

I think we should ___________________
___________________ . ___________________ .
___________________ .
I hope you are satisfied with this suggestion.
Have a good day. Bye!

Step 4 실전 연습

01

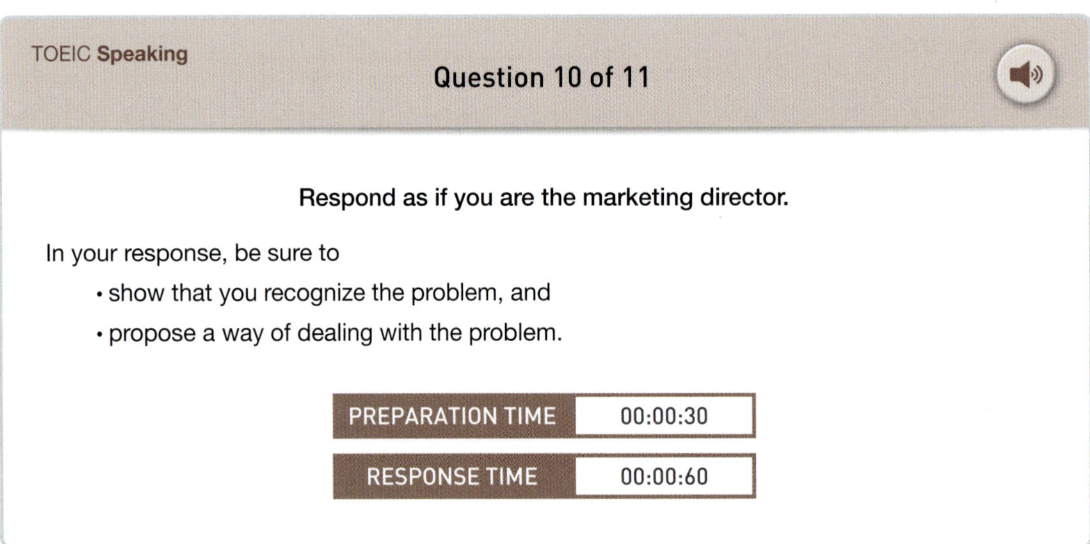

TOEIC Speaking
Question 10 of 11

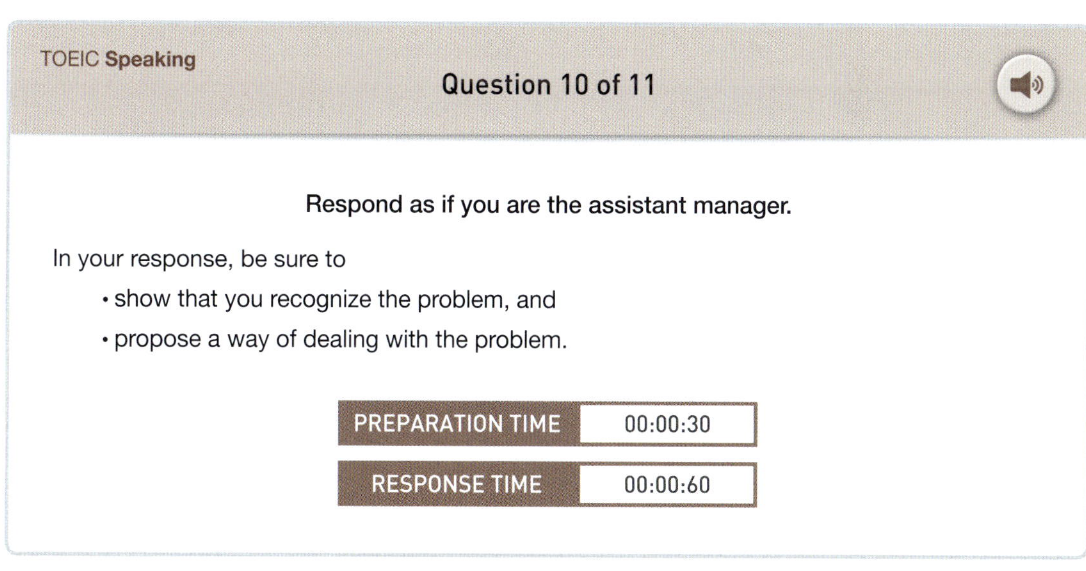
TOEIC Speaking
Question 10 of 11

Respond as if you are the assistant manager.

In your response, be sure to
• show that you recognize the problem, and
• propose a way of dealing with the problem.

PREPARATION TIME   00:00:30
RESPONSE TIME   00:00:60

02

PAGODA
TOEIC
SPEAKING 초급

PART 6

Express an opinion

의견 제시하기

Step 1. 유형 파악하기 | Step 2. 기초 다지기 | Step 3. 주제별 연습 | Step 4. 실전 연습

01 Part 6 한눈에 보기

지시문 화면

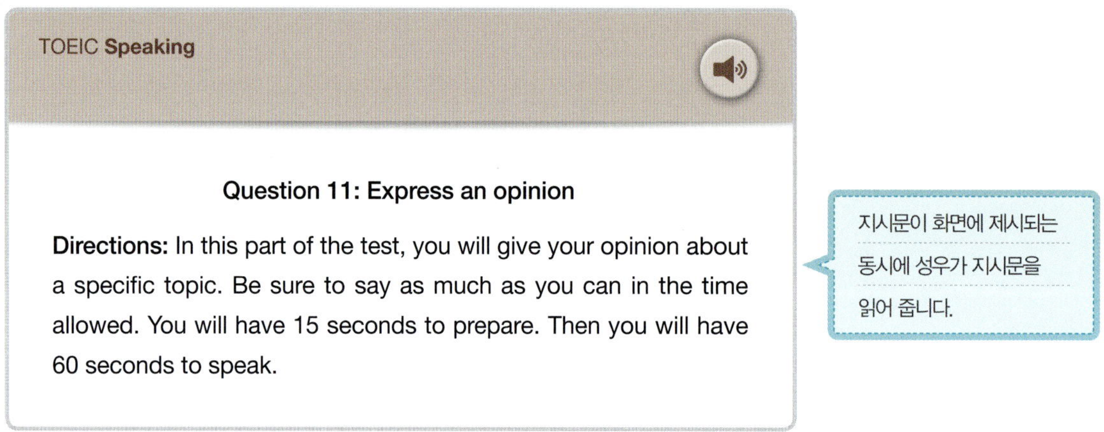

지시문이 화면에 제시되는 동시에 성우가 지시문을 읽어 줍니다.

준비 화면

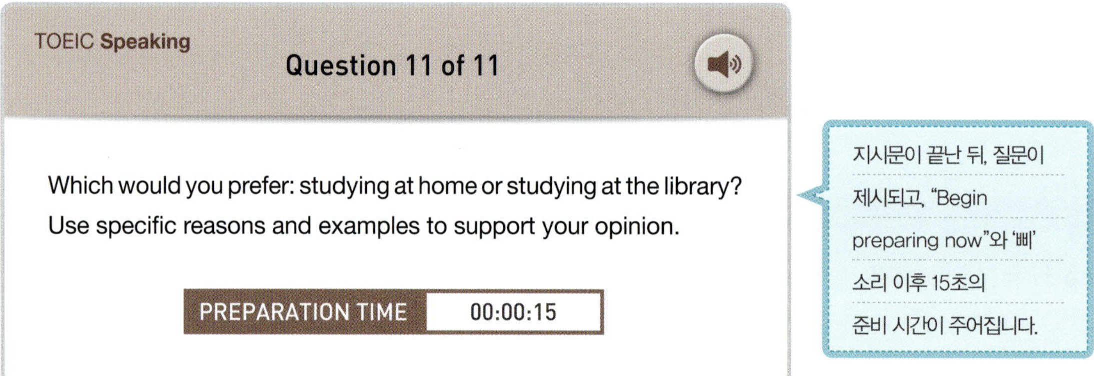

지시문이 끝난 뒤, 질문이 제시되고, "Begin preparing now"와 '삐' 소리 이후 15초의 준비 시간이 주어집니다.

답변 화면

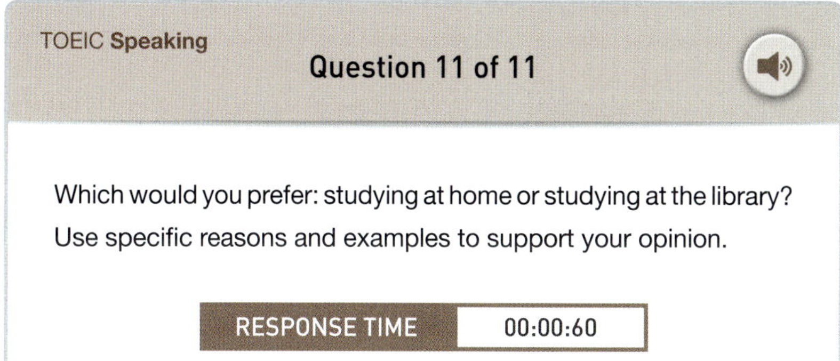

준비 시간 종료 후, "Begin speaking now"와 '삐' 소리 이후 60초의 답변 시간이 주어집니다.

Part 6 특징 알아보기

Part 6는 주어진 시간 동안 자신의 의견을 얼마나 논리적으로 정리해서 말하는지 평가합니다. '얼마나 빠르게 답변을 하는가', 또는 '얼마나 어려운 단어를 사용하는가'보다 평소 말하는 속도로, 그리고 명확한 발음으로 의견을 정확하고 논리적으로 전달하는 것이 관건입니다.

목적	어떤 주제에 대해서 자신의 의견을 얼마나 논리적으로 정리해서 말하는지를 평가합니다.		
문항 수	1개(Question 11)		
답변 준비 시간	15초		
답변 시간	60초		
점수	5점 만점		
평가 기준	• 발음(Pronunciation) • 내용의 연관성(Relevance of content) • 어휘(Vocabulary) • 강세(Stress)	• 문법(Grammar) • 억양(Intonation) • 내용의 완성도(Completeness of content) • 일관성(Cohesion)	
평가 지침	**점수**	**특징**	
	5	전반적으로 의사전달이 확실하고, 일관성 있게 근거와 예시로 답변 전개를 해나간다. 실수가 있을 수 있으나, 말하기 속도가 적당하고, 적절한 어휘를 사용한다.	
	4	1개 이상의 근거와 예시로 답변을 풀어나간다. 발음과 억양을 이해하는 데 약간의 노력이 필요하고, 일부 어휘는 부정확하다. 대체적으로 이해하기 쉽고 일관성이 있다.	
	3	말을 이해할 수 있지만 답변의 전개가 부족하다. 근거에 대한 설명이 없이 답변 일부를 계속 반복해서 말한다. 어휘가 제한적이고, 생각을 확실하게 전달하지 못한다.	
	2	답변의 연관성이 아주 부족하다. 질문에 대한 근거를 제시하지 못한다. 반복이 심하고, 머뭇거림이 많다. 발음, 강세, 억양에 문제가 있어 알아듣기 어렵다.	
	1	질문이 요구하는 답변을 제시하지 못한다. 또는 질문의 내용을 이해하지 못한다. 질문의 문장 전체를 반복해서 말하거나 답변을 문장보다는 단어와 구문으로 제시한다.	
	0	답변을 전혀 하지 않았거나 문제와 전혀 관계 없는 말을 한다.	
핵심 능력(skill)	• 브레인스토밍	• 유창성(Proficiency)	

03 Part 6 핵심 전략 알아보기

- 질문 유형별 답변 문장을 연습하자.

- 평소에 기출 문제들로 연습해 보고 필요한 키워드를 정리해놓자.

- 교재에 제시된 마법 같은 템플릿은 완전히 내 것으로 만들자.

- 일상생활에서 일어날 수 있는 여러 상황들에 대한 의견을 생각해 놓는 습관을 기르자.

- 시간을 체크하면서 브레인스토밍(15초)을 해보고 답변(60초)을 말해 보자.

04 질문 유형 알아보기

질문 종류	세부 내용
회사 업무 및 직장생활 관련	• 일의 동기: 돈 vs. 행복감 • 근무하기: 대기업 vs. 중소기업 • 인재 채용 시: 학력 우선 vs. 실무 경력 우선 • 근무 복장: 정장 vs. 자유로운 복장 • 회사에서 근무하기: 팀 vs. 단독 • 근무시간 외에 회사 동료들과 만나는 것이 바람직한가?
가족과 육아 및 교육 관련	• 교복의 장·단점 • 학교 체벌의 필요성 • 자녀의 직업에 대한 부모 결정권 • 자녀의 학교 교육에 부모 개입의 장·단점 • 제2외국어 수업의 필요성 • 성공을 위해 대학 교육이 필요한가? • 아이들에게 미치는 매스컴의 영향
기타 일상생활 관련	• 휴식을 위해 TV시청 vs. 독서 • 이메일 vs. 우편 • 대중교통 vs. 자가용 • 국내여행하기 vs. 해외여행하기 • 오프라인 쇼핑하기 vs. 온라인 쇼핑하기 • 외국어: 해외에서 배우기 vs. 국내에서 배우기

05 준비 시간 활용하기

준비 시간 15초는 성우가 화면에 제시된 질문을 한 번 읽어 준 후에 카운트다운에 들어갑니다. 카운트다운이 시작하기 전의 틈새를 잘 활용해 봅시다.

○ 성우가 질문을 읽어 주는 동안, 질문을 읽고 의견을 결정합니다.

○ 준비 시간이 시작되면 이유와 예시를 브레인스토밍 합니다.

○ 핵심 키워드를 영어로 생각합니다.

Tip 평소에 실전처럼 준비 시간을 15초로 지정해놓고 브레인스토밍 연습을 하면, 실전에서 시간의 압박감을 덜 느낄 수 있습니다.

06 자주 묻는 질문 유형

Business	(1) 성공 조건, 직원 자질(친구 조언), 회사의 성공, 직업에 필요한 요건 (2) teamwork, 직원 평가
Technology	미래의 기술 예측, 과거와 기술 비교, 인터넷, 광고의 중요성
Education	학교에서 보내는 시간, 방과후 활동의 필요성, 예체능의 필요성, 성적의 중요성
Friends	친구의 자질 진로 상담을 친구와 할 것인가

Part 6 유형별 틀 잡기

🍒 1 | 찬성 또는 반대를 물어보는 경우

P6_01 

● Do you agree or disagree with this following statement?
"Children should participate in a team sports while they are attending school."

첫 문장: I agree that + 주어진 문장
>> I agree that children should participate in a team sports while they are attending school.
I have some reasons and examples to support my idea.

이유 혹은 예시

마지막 문장: I agree with + 명사구
>> Therefore, I agree with this statement.

🍒 2 | 가장 중요한 것을 물어보는 경우

P6_02

● What is the most important to you when you find a place to live? Choose one of the following options
below and give some specific reasons and examples.
- Large kitchen
- Convenience of traffic
- Shopping malls nearby

첫 문장: For me, (핵심 답변) is the most important.
>> For me, convenience of traffic is the most important.
I have some reasons and examples to support my opinion.

이유 혹은 예시

마지막 문장: For these reasons, I think (핵심 답변) is the most important.
>> For these reasons, I think convenience of traffic is the most important.

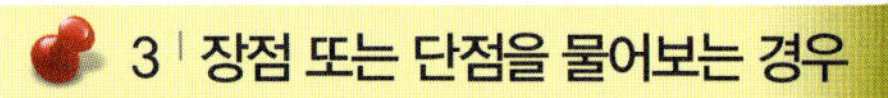

● What are the advantages of changing jobs frequently throughout a person's life?

첫 문장: There are some advantages of (주어진 문구)
>> There are some advantages of changing jobs frequently throughout a person's life.

One of the advantages is that (장점 말하기)
+ 이유 혹은 예시

The other advantage is that (장점 말하기)
+ 이유 혹은 예시

마지막 문장: So, I think there are some advantages.
>> So, I think there are some advantages.

Step 3 주제별 연습

Answers & Script p.039

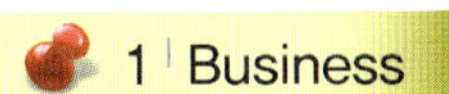 1 | Business

P6_04 

주제가 Business와 관련된 경우에는 다음과 같은 문장들을 말할 수 있습니다.

- **To be successful, an employee has to work very hard.** 성공하기 위해서 직원은 열심히 일해야 합니다.
- **He needs to do his best and help other employees.** 그는 최선을 다해야 하며, 다른 직원들을 도와야 합니다.
- **If an employee has good work experience, he can be noticed by other people.**
  만약에 직원이 업무 실적이 좋으면, 그는 다른 사람들의 눈에 띌 수 있습니다.
- **It can motivate others to work harder.** 그것은 다른 사람들을 더 열심히 일하도록 동기를 부여합니다.
- **When all employees work hard, the company can make a lot of profit.**
  모든 직원들이 열심히 일하면, 회사는 많은 이익을 낼 수 있습니다.

연습문제 1 | Business (1)

P6_05

> To be successful for a new employee what is the most important? Choose one of the options below and give specific reasons and examples to support your opinion.
> - Teamwork
> - Knowledge
> - Educational background
>
> 신입사원이 성공하기 위해 다음 중 가장 중요한 것은 무엇입니까? 아래 보기 중 하나를 골라서 이유와 예시를 제시하세요.
> – 팀워크
> – 지식
> – 학력

핵심 문장

I think ____________ is the most important for a new employee to be successful.

저는 신입 사원이 성공하기 위해서는 팀워크가 가장 중요하다고 생각합니다.

　　　+ I have some reasons to support my opinion. 저의 의견을 뒷받침할 몇 가지 이유가 있습니다.

이유와 예시

- ____________________________, an employee has to work very hard.

  성공하기 위해서 직원은 열심히 일해야 합니다.
- He needs to ____________________ and help other employees. 그는 최선을 다해야 하며, 다른 직원들을 도와야 합니다.
- If an employee has good work experience, he can ____________________________ other people.

  만약에 직원이 업무 실적이 좋으면, 그는 다른 사람들의 눈에 띌 수 있습니다.
- It can ____________________ others to work harder. 그것은 다른 사람들을 더 열심히 일하도록 동기를 부여합니다.
- When all employees ____________________________, the company can make a lot of profit.

  모든 직원들이 열심히 일하면, 회사는 많은 이익을 낼 수 있습니다.

For example, I had a part time job at a restaurant. 예를 들어, 저는 식당에서 시간제 일을 하였습니다.

All employees worked hard and helped each other. 모든 직원들이 열심히 일했고 서로를 도왔습니다.

Whenever the store was busy, we helped each other. 가게가 바쁠 때마다, 우리는 서로 도왔습니다.

Thanks to the teamwork, our store could make a lot of profit.
팀워크 덕분에 우리 가게는 많은 이익을 낼 수 있었습니다.

마무리 문장

So, I think ________________ is the most important. 그러므로 저는 팀워크가 가장 중요하다고 생각합니다.

🔘빈칸 teamwork / To be successful / do his best / be noticed by / motivate / work hard / teamwork

연습문제 2 | Business (2)

P6_06

Do you agree or disagree with this following statement?
"To evaluate an employee, asking his colleagues is the best way."
Give your reasons and examples to support your opinion.

다음의 문장에 동의합니까? 또는 반대합니까?
"직원을 평가하기 위해서는, 그의 동료들에게 물어보는 것이 최고의 방법이다."
당신의 의견을 뒷받침할 이유와 예시를 제시하세요.

핵심 문장

I agree ____________ to evaluate an employee, asking his colleagues is the best way.

저는 직원을 평가하기 위해서는, 그의 동료들에게 물어보는 것이 최고의 방법이라는 데에 동의합니다.

+ I have some reasons to support my opinion. 저의 의견을 뒷받침할 몇 가지 이유가 있습니다.

이유와 예시

- ____

  성공하기 위해서 직원은 열심히 일해야 합니다.

- ____

  그는 최선을 다해야 하며, 다른 직원들을 도와야 합니다.

- ____

  만약에 직원이 업무 실적이 좋으면, 그는 다른 사람들의 눈에 띌 수 있습니다.

- ____

  그것은 다른 사람들을 더 열심히 일하도록 동기를 부여합니다.

- ____

  모든 직원들이 열심히 일하면, 회사는 많은 이익을 낼 수 있습니다.

LEVEL 6 굳히기

For example, I had a part time job at a restaurant. 예를 들어, 저는 식당에서 시간제 일을 하였습니다.

There was a staff named Tom. Tom이라는 이름의 직원이 있었습니다.

He was a very hardworking person. 그는 정말 성실한 사람이었습니다.

He was recommended by others. 그는 다른 사람들에 의해서 추천되었습니다.

He became a manager. 그는 매니저가 되었습니다.

마무리 문장

So, I agree ___________ this statement. 그러므로 저는 이 문장에 동의합니다.

ㄱ빈칸 – that
  – To be successful, an employee has to work very hard.
     He needs to do his best and help other employees.
     If an employee has good work experience, he can be noticed by other people.
     It can motivate others to work harder.
     When all employees work hard, the company can make a lot of profit.
  – with

P6_07 

주제가 Technology와 관련된 경우에는 다음과 같은 문장들을 말할 수 있습니다.

(회사의 reputation 관련 주제에도 쓸 수 있으며 review의 중요성에 대해서도 언급할 수 있는 내용입니다.)

- In our society, technology has developed a lot. 우리 사회에서 기술은 많이 발전하였습니다.
- Many people have their own smart phones. 많은 사람들은 자신들의 스마트폰을 가지고 있습니다.
- They can access the Internet whenever they want to.
  그들은 언제든지 그들이 원할 때면 인터넷에 접속할 수 있습니다.
- In addition, they prefer to shop for items on the Internet. 게다가, 그들은 인터넷으로 물건 사는 것을 선호합니다.
- Information on the Internet has a great effect on decision-making.
  인터넷의 정보는 의사결정에 큰 영향을 끼칩니다.
- That's because words on the Internet spread like wild fire. 인터넷상의 말들은 사나운 불처럼 퍼지기 때문입니다.

연습문제 3 | Technology (1)

P6_08

Some people believe that people in the future will not read paper books because of e-books. Do you agree or disagree with this statement? Why or why not? Give specific reasons and examples to support your opinion.	몇몇 사람들은 미래에는 사람들이 전자책 때문에 종이책을 읽지 않을 것이라고 생각합니다. 이에 동의합니까? 또는 반대합니까? 왜입니까? 당신의 의견을 뒷받침할 이유와 예시를 제시해 주세요.

핵심 문장

I agree ____________ people in the future will not read paper books because of e-books.

저는 미래에는 사람들이 전자책 때문에 종이책을 읽지 않을 것이라는 데에 동의합니다.

+ I have some reasons to support my opinion. 저의 의견을 뒷받침할 몇 가지 이유가 있습니다.

이유와 예시

- In our society, __________________ has developed a lot. 우리 사회에서 기술은 많이 발전하였습니다.
- Many people have __________________ smart phones. 많은 사람들은 자신들의 스마트폰을 가지고 있습니다.
- They can ________________ the Internet whenever they want to.
  그들은 언제든지 그들이 원할 때면 인터넷에 접속할 수 있습니다.
- In addition, they ____________ shop items on the Internet.
  게다가, 그들은 인터넷으로 물건 사는 것을 선호합니다.
- Information on the Internet has a great ____________ on decision-making.
  인터넷의 정보는 의사결정에 큰 영향을 끼칩니다.
- That's because words on the Internet ____________ like wild fire. 인터넷상의 말들은 사나운 불처럼 퍼지기 때문입니다.

LEVEL 6 굳히기

In my case, I like to read e-books. 저의 경우는 전자책 읽는 것을 좋아합니다.

I can read a comic book, a magazine or a newspaper by using my smart phone.
저는 만화책, 잡지, 혹은 신문을 스마트폰을 사용해서 읽을 수 있습니다.

It is very convenient and I can spend my time efficiently.
그것은 매우 편리하고 저는 저의 시간을 효율적으로 사용할 수 있습니다.

I hardly read paper books. 저는 종이책은 거의 읽지 않습니다.

마무리 문장

Therefore, I agree _______________ this statement. 그러므로 저는 이 문장에 동의합니다.

⊙빈칸 that / technology / their own / access / prefer to / effect / spread / with

연습문제 4 | Technology (2)

P6_09 

Do you think Internet advertisement is necessary for companies to promote their services or products? Why or why not?	당신은 회사가 그들의 서비스나 제품을 홍보하기 위해서 인터넷으로 광고하는 것이 필수적이라고 생각합니까? 왜 그렇습니까?

핵심 문장

I _______________ that Internet advertisement is necessary for companies to promote their services or products. 저는 회사가 서비스나 제품을 홍보하기 위해 인터넷 광고가 필수적이라고 생각합니다.

+ I have some reasons to support my opinion. 저의 의견을 뒷받침할 몇 가지 이유가 있습니다.

이유와 예시

- ____

  우리 사회에서 기술은 많이 발전하였습니다.

- ____

  많은 사람들은 자신들의 스마트폰을 가지고 있습니다.

- ____

  그들은 언제든지 그들이 원할 때면 인터넷에 접속할 수 있습니다.

- ____

  게다가, 그들은 인터넷으로 물건 사는 것을 선호합니다.

- ____

  인터넷의 정보는 의사결정에 큰 영향을 끼칩니다.

- ____

  인터넷상의 말들은 사나운 불처럼 퍼지기 때문입니다.

In my case, I often see online advertisement. 저는 온라인 광고를 종종 봅니다.

It includes a lot of information. 그것은 많은 정보를 포함합니다.

Also, it is easy to understand. 또한 그것은 이해하기 쉽습니다.

I can easily check the information before buying an item. 저는 물건을 사기 전에 정보를 쉽게 확인할 수 있습니다.

마무리 문장

So, I think that Internet advertisement is ______________. 그러므로 인터넷 광고는 필수적이라고 생각합니다.

빈칸 - think
- In our society, technology has developed a lot.
  Many people have their own smart phones.
  They can access the Internet whenever they want to.
  In addition, they prefer shop items on the Internet.
  Information on the Internet has a great effect on decision-making.
  That's because words on the Internet spread like wild fire.
- necessary

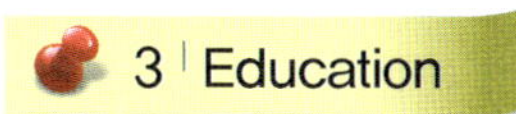 3 | Education

P6_10 

주제가 Education과 관련된 경우에는 다음과 같은 문장들을 말할 수 있습니다.

- These days, most parents are working. 요즘에는 대부분의 부모들이 일을 합니다.
- Also, most children are only-children. 또한, 대부분의 아이들이 외동입니다.
- They spend too much time doing homework in schools. 그들은 너무 많은 시간을 학교에서 숙제를 하며 보냅니다.
- They don't have enough time to make new friends or exercise.
  그들은 새로운 친구를 사귀거나 운동을 할 시간이 충분하지 않습니다.
- They need some time to release stress or learn social skill. 그들은 스트레스를 풀거나 사회성을 배울 시간이 필요합니다.
- If there is a new system, children can learn useful skills.
  만약에 새로운 시스템이 있다면, 아이들은 유용한 기술들을 배울 수 있습니다.

연습문제 5 | Education (1)

P6_11

> What are the advantages of doing team sports while students are in school?
> Give your reasons and examples.
>
> 학생들이 학교에 있는 동안 팀 스포츠를 하는 것의 장점은 무엇인가요? 이유와 예시를 제시하세요.

핵심 문장

There are some ________________ of doing team sports while students are in school.

학생들이 학교에 있는 동안 팀 스포츠를 하는 것에는 많은 장점들이 있습니다.

+ I have some reasons to support my opinion. 저의 의견을 뒷받침할 몇 가지 이유가 있습니다.

이유와 예시

- These days, most ____________ are working. 요즘에는 대부분의 부모들이 일을 합니다.
- Also, most children are ________________. 또한, 대부분의 아이들이 외동입니다.
- They ____________ too much time ____________ homework in schools.
  그들은 너무 많은 시간을 학교에서 숙제를 하며 보냅니다.
- They don't have enough time to ________________________________ or exercise.
  그들은 새로운 친구를 사귀거나 운동을 할 시간이 충분하지 않습니다.
- They need some time to ________________________ or learn ________________________.
  그들은 스트레스를 풀거나 사회성을 배울 시간이 필요합니다.
- If there is a new system, children can learn ____________ skills.
  만약에 새로운 시스템이 있다면, 아이들은 유용한 기술들을 배울 수 있습니다.

When I was young, I often played sports with my friends.
제가 어렸을 때에, 저는 친구들과 종종 스포츠를 즐겼습니다.

We played soccer, baseball, basketball and so on. 우리를 축구, 야구, 농구 등을 하였습니다.

It was very interesting and I could make many new friends.
매우 흥미로웠고, 많은 새로운 친구들을 사귈 수 있었습니다.

We could have close friendship by playing team sports.
우리는 팀 스포츠를 통해 친밀한 우정을 쌓을 수 있었습니다.

마무리 문장

_______________, there are some advantages. 그러므로 여러 장점들이 있습니다.

빈칸 - advantages
- parents / only-children / spend / doing / make new friends / release stress / social skill / useful
- So

연습문제 6 | Education (2)

P6_12 

Some people say that these days, parents are spending too much money on private education. Do you agree or disagree with this statement? Give your reasons and examples to support my opinion.	몇몇 사람들은 요즈음 부모들이 사교육에 너무나도 많은 돈을 소비하고 있다고 생각합니다. 당신은 이 생각에 동의합니까? 또는 반대합니까? 당신의 의견을 뒷받침할 이유와 예시를 제시해 주세요.

핵심 문장

I agree _______________ these day, parents are spending too much money on private education.
저는 요즈음 부모들이 사교육에 너무나도 많은 돈을 소비하고 있다는 데에 동의합니다.

　　　+ I have some reasons to support my opinion. 저의 의견을 뒷받침할 몇 가지 이유가 있습니다.

이유와 예시

- ____

  요즈음에는 대부분의 부모들이 일을 합니다.

- ____

  또한, 대부분의 아이들이 외동입니다.

- ____

  그들은 너무 많은 시간을 학교에서 숙제를 하며 보냅니다.

- ____

  그들은 새로운 친구를 사귀거나 운동을 할 시간이 충분하지 않습니다.

- ____

그들은 스트레스를 풀거나 사회성을 배울 시간이 필요합니다.

- ____

만약에 새로운 시스템이 있다면, 아이들은 유용한 기술들을 배울 수 있습니다.

LEVEL 6 굳히기

In my case, I have a cousin. 저의 경우에 사촌이 한 명 있습니다.

He is only 10 years old. 그는 이제 열 살입니다.

But, he is very busy because of private academies. 하지만, 그는 학원 때문에 매우 바쁩니다.

He needs to go to many academies after school. 그는 학교가 끝난 뒤에도 많은 학원을 가야 합니다.

I think he is spending too much time only on studying.
제 생각에 그는 오직 공부에만 너무 많은 시간을 보내는 것 같습니다.

마무리 문장

____________, I agree __________ this statement. 그러므로 저는 이 문장에 동의합니다.

빈칸 - that
- These days, most parents are working.
  Also, most children are only-children.
  They spend too much time doing homework in schools.
  They don't have enough time to make new friends or exercise.
  They need some time to release stress or learn social skill.
  If there is a new system, children can learn useful skills.
- So / with

🍎 4 | Friends

주제가 Friends와 관련된 경우에는 다음과 같은 문장들을 말할 수 있습니다.

- My friends and I share common interest. 저의 친구들과 저는 많은 관심사를 공유합니다.
- My friends can always understand me well. 제 친구들은 항상 저를 잘 이해해 줍니다.
- I can trust my friends and talk about any worries. 저는 그들을 신뢰할 수 있고, 어떠한 걱정거리도 이야기할 수 있습니다.
- My friends always care about me. 친구들은 항상 저에게 관심을 갖습니다.
- So, with their advice, I can solve many kinds of problems.
  그래서 그들의 조언으로, 저는 많은 문제를 해결할 수 있습니다.
- Whenever I have some difficulties, I can have a conversation with them.
  어려운 일이 생길 때마다, 저는 그들과 대화를 나눌 수 있습니다.
- Thanks to my friends, I can get motivated. 친구들 덕분에, 저는 동기부여가 됩니다.

연습문제 7 | Friends (1)

What is the most important characteristic of friends? Choose one and give your reasons and examples to support your opinion. - Honesty - Loyalty - Sense of humor	다음 중 친구의 자질로 가장 중요한 것은 무엇입니까? 다음 중 하나를 고르고, 당신의 의견을 뒷받침할 이유와 예시를 제시해 주세요. – 정직 – 의리 – 유머 감각

핵심 문장

For me, ______________ is the most important for a friends characteristic.

저에게는 친구의 자질로 의리가 가장 중요합니다.

　　　　+ I have some reasons to support my opinion. 저의 의견을 뒷받침할 몇 가지 이유가 있습니다.

이유와 예시

- My friends and I ____________ common ____________. 저의 친구들과 저는 많은 관심사를 공유합니다.
- My friends can always ________________ me ____________. 제 친구들은 항상 저를 잘 이해해 줍니다.
- I can ____________ my friends and talk about any ____________.
  저는 그들을 신뢰할 수 있고, 어떠한 걱정거리도 이야기할 수 있습니다.
- My friends always ____________________ me. 제 친구들은 항상 저에게 관심을 갖습니다.
- So, with their ____________, I can solve many kinds of problems.
  그래서 그들의 조언으로, 저는 많은 문제를 해결할 수 있습니다.
- Whenever I have some ________________, I can have a conversation with them.
  어려운 일이 생길 때마다, 저는 그들과 대화를 나눌 수 있습니다.
- Thanks to my friends, I can ____________________. 친구들 덕분에, 저는 동기부여가 됩니다.

In my case, I have a friend named Jane. 저의 경우에 Jane이라는 이름의 친구가 있습니다.

She has loyalty so I can trust her. 그녀는 의리가 있어서 저는 그녀를 신뢰할 수 있습니다.

These days, I get a lot of stress from getting a job. 요즘에 저는 취업 준비로 스트레스를 많이 받습니다.

I can talk about my worries and relieve my stress.
저는 저의 걱정거리를 이야기할 수 있고 스트레스를 풀 수 있습니다.

마무리 문장

So, I think loyalty is _______________________ important. 그러므로 의리가 가장 중요하다고 생각합니다.

빈칸 - loyalty
- share / interest / understand / well / trust / worries / care about / advice / difficulties / get motivated
- the most

연습문제 8 | Friends (2)

P6_15 

When you have some worries regarding your career, who is the best person to get advice? Choose one of the following options and give your reasons and examples to support your opinion.
- Friends
- Parents
- Career counselor

당신의 경력에 관해 걱정거리가 있을 때, 가장 조언을 받고 싶은 사람은 누구인가요?
다음 중 하나를 골라서 당신의 의견을 뒷받침할 이유와 예시를 제시해 주세요.
– 친구
– 부모님
– 경력 상담사

핵심 문장

I think ___________ are the best to get advice when I have some worries regarding my career.
저는 경력에 관한 걱정이 있을때 조언을 받기에 친구가 제일 좋은 사람이라고 생각합니다.

+ I have some reasons to support my opinion. 저의 의견을 뒷받침할 몇 가지 이유가 있습니다.

이유와 예시

- _______________________________________
  저의 친구들과 저는 많은 관심사를 공유합니다.

- _______________________________________
  제 친구들은 항상 저를 잘 이해해 줍니다.

- _______________________________________
  저는 그들을 신뢰할 수 있고, 어떠한 걱정거리도 이야기할 수 있습니다.

- ____

제 친구들은 항상 저에게 관심을 갖습니다.

- ____

그래서, 그들의 조언으로, 저는 많은 문제를 해결할 수 있습니다.

- ____

어려운 일이 생길 때마다, 저는 그들과 대화를 나눌 수 있습니다.

- ____

친구들 덕분에, 저는 동기부여가 됩니다.

LEVEL 6 굳히기

In my case, I am a senior in my university. 저는 대학교 4학년입니다.

So, I am looking for a job and my friends are looking for a job too.
저는 취업 준비를 하고 있고, 저의 친구들 또한 취업 준비를 하고 있습니다.

We can share a lot of information on jobs. 우리는 직업에 대한 많은 정보를 공유합니다.

It is very helpful for me. 저에게 매우 유용합니다.

마무리 문장

So, I think friends are _____________________. 그러므로 친구가 최고라고 생각합니다.

 - friends
- My friends and I share common interest.
  My friends can always understand me well.
  I can trust my friends and talk about any worries.
  My friends always care about me.
  So, with their advice, I can solve many kinds of problems.
  Whenever I have some difficulties, I can have a conversation with them.
  Thanks to my friends, I can get motivated.
- the best

 5 | Environment, Public Transportation

주제가 Environment 또는 Public transportation과 관련된 경우에는 다음과 같은 문장들을 말할 수 있습니다.

- Saving environment is very important for people. 환경을 보호하는 것은 사람들에게 매우 중요합니다.

- Saving environment is easier than recovering damaged environment.
  환경을 보호하는 것이 손상된 환경을 회복하는 것보다 더 쉽습니다.

- People should protect our environment for our children. 사람들은 우리의 자손들을 위해 환경을 보호하여야 합니다.

- People need to use public transportation instead of driving their own cars.
  사람들은 자가 운전을 하는 대신 대중교통을 이용하여야 합니다.

- When people use subway, they can avoid traffic jam and they can be on time.
  사람들이 지하철을 이용하면, 그들은 교통체증을 피할 수 있고, 시간에 맞춰 도착할 수 있습니다.

Answers & Script p.045

01 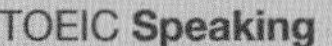 P6_17 

TOEIC **Speaking**

Question 11 of 11

Do you agree or disagree with this following statement?
"Children in these days have less creative ideas than children in the past."
Give your reasons and examples to support your opinion.

PREPARATION TIME	00:00:15

TOEIC **Speaking**

Question 11 of 11 

Do you agree or disagree with this following statement?
"Children in these days have less creative ideas than children in the past."
Give your reasons and examples to support your opinion.

RESPONSE TIME	00:00:60

TOEIC **Speaking**

Question 11 of 11

Do you think companies should encourage employees to use public transportation? Why or why not?

PREPARATION TIME   00:00:15

TOEIC **Speaking**

Question 11 of 11

Do you think companies should encourage employees to use public transportation? Why or why not?

RESPONSE TIME   00:00:60

PAGODA
TOEIC
SPEAKING 초급

ACTUAL TEST

Actual Test 1   Actual Test 2

Answers & Script p.047

TOEIC **Speaking**

Speaking Test Directions

This is the TOEIC Speaking Test. This test includes 11 questions that measure different aspects of your speaking ability. The test lasts approximately 20 minutes.

Question	Task	Evaluation Criteria
1-2	Read a text aloud	• Pronunciation • Intonation and stress
3	Describe a picture	All of the above, plus • Grammar • Vocabulary • Cohesion
4-6	Respond to questions	All of the above, plus • Relevance of content • Completeness of content
7-9	Respond to questions using information provided	All of the above
10	Propose a solution	All of the above
11	Express an opinion	All of the above

For each type of question, you will be given specific directions, including the time allowed for preparation and speaking.

It is to your advantage to say as much as you can in the time allowed. It is also important that you speak clearly and that you answer each question according to the directions.

Click on Continue to go on.

TOEIC Speaking

Question 1-2: Read a text aloud

Directions: In this part of the test, you will read aloud the text on the screen. You will have 45 seconds to prepare. Then you will have 45 seconds to read the text aloud.

TOEIC Speaking

Question 1 of 11

Good evening everyone, here is the evening report. Today's top story is about weather. Because we have had significantly dry conditions during this summer, we are very pleased to forecast rain! In fact, our area can expect nearly 3 days of wet weather. There will be cloudy skies, strong winds, and continuous rainfall during this period.

PREPARATION TIME	00:00:45
RESPONSE TIME	00:00:45

TOEIC Speaking

Question 2 of 11

Welcome to this training seminar for our new data management system. First, let's meet the manager of technology team, Phillip Taylor. Phillip will teach you how to enter information, keep files and access customer charts for your practical performance. After you finish the training, he'll be available to assist anyone who needs it!

PREPARATION TIME	00:00:45
RESPONSE TIME	00:00:45

Question 3: Describe a picture

Directions: In this part of the test, you will describe the picture on your screen in as much detail as you can. You will have 30 seconds to prepare your response. Then you will have 45 seconds to speak about the picture.

PREPARATION TIME	00:00:30
RESPONSE TIME	00:00:45

TOEIC **Speaking**

Question 4-6: Respond to questions

Directions: In this part of the test, you will answer three questions. For each question, begin responding immediately after you hear a beep. No preparation time is provided. You will have 15 seconds to respond to Questions 4 and 5 and 30 seconds to respond to Question 6.

TOEIC **Speaking**

Question 4 of 11

Imagine that a shopping mall in your area is doing research. You have agreed to participate in a telephone interview about shopping for clothes.

What kinds of clothes do you usually buy?

| RESPONSE TIME | 00:00:15 |

TOEIC **Speaking**

Question 5 of 11

Imagine that a shopping mall in your area is doing research. You have agreed to participate in a telephone interview about shopping for clothes.

Do you like to look around the clothing stores? Why or why not?

RESPONSE TIME   00:00:15

TOEIC **Speaking**

Question 6 of 11

Imagine that a shopping mall in your area is doing research. You have agreed to participate in a telephone interview about shopping for clothes.

Have you ever bought some clothing as a gift?

RESPONSE TIME   00:00:30

Question 7-9: Respond to questions using information provided

Directions: In this part of the test, you will answer three questions based on the information provided. You will have 30 seconds to read the information before the questions begin. For each question, begin responding immediately after you hear a beep. No additional preparation time is provided. You will have 15 seconds to respond to Questions 7 and 8 and 30 seconds to respond to Question 9.

Question 7, 8, 9 of 11

Orange Community Center
Cooking Class Calendar
All classes $20: attendees must be 12 or older

Date	Class	Instructor
May 21	Introduction to desserts	Zoey, Pastry chef, Fine Desserts
June 26	Sweetened Whipped Cream Recipe	Carol, Assistant Chef, Heavenly Delite
July 13	Selecting ingredients for pies	Ian, Produce manager, Ralph's
August 20	Cupcakes and frosting from scratch	Zoey, Pastry Chef, Fine Desserts
September 2	How to make low fat cakes	Tom, Pastry Chef, Heavenly Delite
October 12	Preparing beverages	Frank, Barista, Heavenly Delite

PREPARATION TIME	00:00:30
RESPONSE TIME	00:00:15, 15, 30

TOEIC **Speaking**
토익 스피킹 초급

Question 10: Propose a solution

Directions: In this part of the test, you will be presented with a problem and asked to propose a solution. You will have 30 seconds to prepare. Then you will have 60 seconds to speak.

In your response, be sure to
- show that you recognize the problem, and
- propose a way of dealing with the problem.

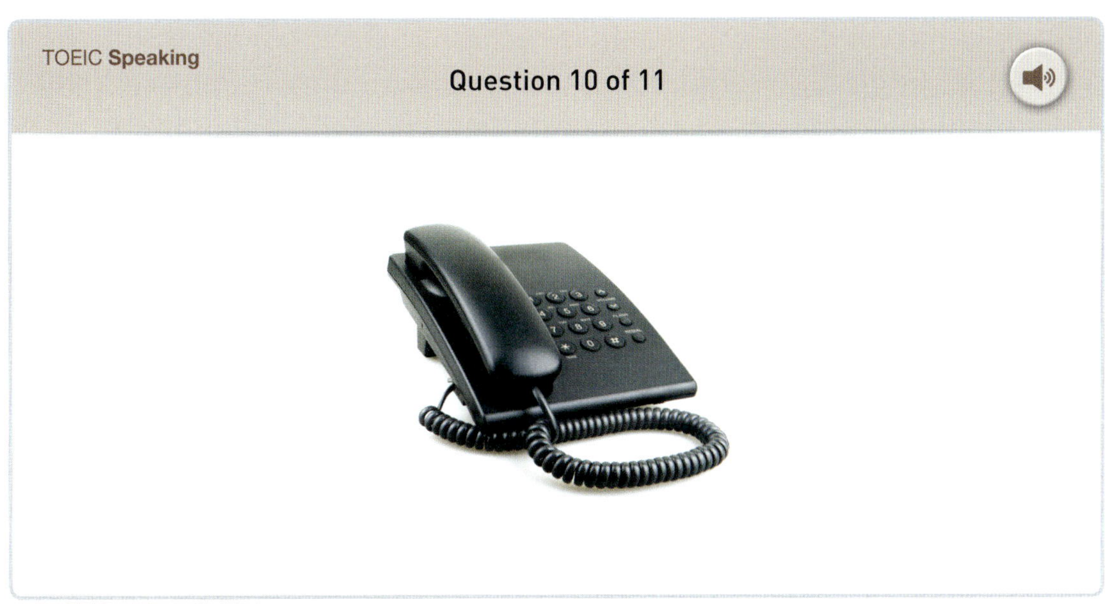

Respond as if you are the marketing director.

In your response, be sure to

- show that you recognize the problem, and
- propose a way of dealing with the problem.

PREPARATION TIME	00:00:30
RESPONSE TIME	00:00:60

TOEIC Speaking

Question 11: Express an opinion

Directions: In this part of the test, you will give your opinion about a specific topic. Be sure to say as much as you can in the time allowed. You will have 15 seconds to prepare. Then you will have 60 seconds to speak.

TOEIC Speaking

Question 11 of 11

Do you agree or disagree with this following statement?
"Children in these days have less creative ideas than children in the past."
Give your reasons and examples to support your opinion.

PREPARATION TIME	00:00:15
RESPONSE TIME	00:00:60

Answers & Script p.053

TOEIC **Speaking**

Speaking Test Directions

This is the TOEIC Speaking Test. This test includes 11 questions that measure different aspects of your speaking ability. The test lasts approximately 20 minutes.

Question	Task	Evaluation Criteria
1-2	Read a text aloud	• Pronunciation • Intonation and stress
3	Describe a picture	All of the above, plus • Grammar • Vocabulary • Cohesion
4-6	Respond to questions	All of the above, plus • Relevance of content • Completeness of content
7-9	Respond to questions using information provided	All of the above
10	Propose a solution	All of the above
11	Express an opinion	All of the above

For each type of question, you will be given specific directions, including the time allowed for preparation and speaking.

It is to your advantage to say as much as you can in the time allowed. It is also important that you speak clearly and that you answer each question according to the directions.

Click on Continue to go on.

TOEIC Speaking

Question 1-2: Read a text aloud

Directions: In this part of the test, you will read aloud the text on the screen. You will have 45 seconds to prepare. Then you will have 45 seconds to read the text aloud.

TOEIC Speaking

Question 1 of 11

If you are looking for the freshest fruits and vegetables in town, come to Franklin Market. You can come with your entire family and pick your own cabbage, carrot and corn. And this weekend only, you can taste free samples of our famous honey. Before you leave, don't forget to visit our Franklin bakery to enjoy our delicious desserts.

PREPARATION TIME	00:00:45
RESPONSE TIME	00:00:45

TOEIC Speaking

Question 2 of 11

Good evening, Edison Fashion shoppers. This month only, we're offering a discount on tailoring service to customers who make a purchase over fifty dollars. All alterations can be finished in the store within one hour. We can offer service on any kinds of clothes such as dresses, trousers or jackets. To find out more about the service, talk to the staff wearing a uniform.

PREPARATION TIME	00:00:45
RESPONSE TIME	00:00:45

Question 3: Describe a picture

Directions: In this part of the test, you will describe the picture on your screen in as much detail as you can. You will have 30 seconds to prepare your response. Then you will have 45 seconds to speak about the picture.

Question 3 of 11

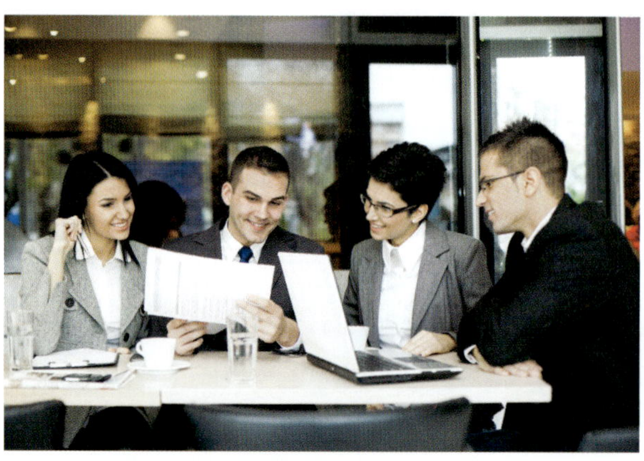

PREPARATION TIME	00:00:30
RESPONSE TIME	00:00:45

Question 4-6: Respond to questions

Directions: In this part of the test, you will answer three questions. For each question, begin responding immediately after you hear a beep. No preparation time is provided. You will have 15 seconds to respond to Questions 4 and 5 and 30 seconds to respond to Question 6.

Question 4 of 11

Imagine that a British marketing firm is doing research in your area. You have agreed to participate in a telephone interview about coffee shops.

How far away is the nearest coffee shop from your school or workplace?

RESPONSE TIME	00:00:15

Question 5 of 11

Imagine that a British marketing firm is doing research in your area. You have agreed to participate in a telephone interview about coffee shops.

Do you like to buy some cookies or cakes when you buy some coffee? Why or why not?

RESPONSE TIME　00:00:15

Question 6 of 11

Imagine that a British marketing firm is doing research in your area. You have agreed to participate in a telephone interview about coffee shops.

If there is a new coffee shop in your town, what is the most important thing? Why?
- Fast service
- Various menu
- Comfortable seating area

RESPONSE TIME　00:00:30

Question 7-9: Respond to questions using information provided

Directions: In this part of the test, you will answer three questions based on the information provided. You will have 30 seconds to read the information before the questions begin. For each question, begin responding immediately after you hear a beep. No additional preparation time is provided. You will have 15 seconds to respond to Questions 7 and 8 and 30 seconds to respond to Question 9.

Question 7, 8, 9 of 11

7th Agriculture and Technology Conference
November 5th
Sunny Hill Hotel
Fee: $70 in advance, $100 at the door

Schedule

08:30 a.m. - 09:00 a.m.	Registration (pastry, coffee available)
09:00 a.m. - 10:00 a.m.	Changes in agricultural technology
10:00 a.m. - Noon	Introducing new technology (informational video)
Noon - 2:00 p.m.	New products in market: Current Options
2:00 p.m. - 3:00 p.m.	Catered lunch (vegetarian options available)
3:00 p.m. - 4:00 p.m.	New ways for protecting crops
4:00 p.m. - 5:00 p.m.	Question and Answer Sessions

PREPARATION TIME	00:00:30
RESPONSE TIME	00:00:15, 15, 30

TOEIC **Speaking**

Question 10: Propose a solution

Directions: In this part of the test, you will be presented with a problem and asked to propose a solution. You will have 30 seconds to prepare. Then you will have 60 seconds to speak.

In your response, be sure to
- show that you recognize the problem, and
- propose a way of dealing with the problem.

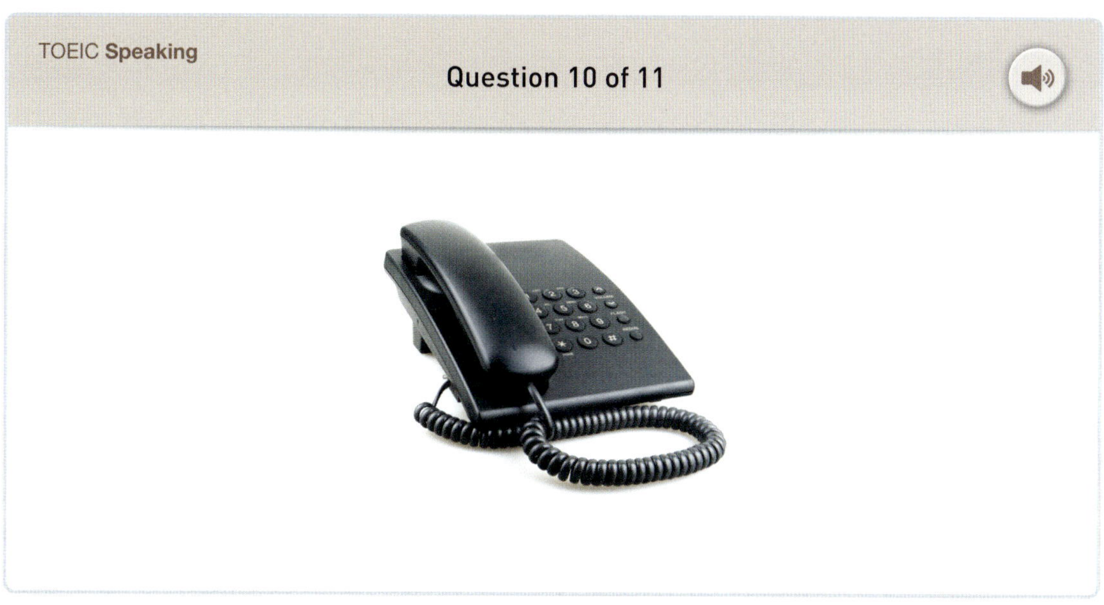

TOEIC **Speaking**

Question 10 of 11

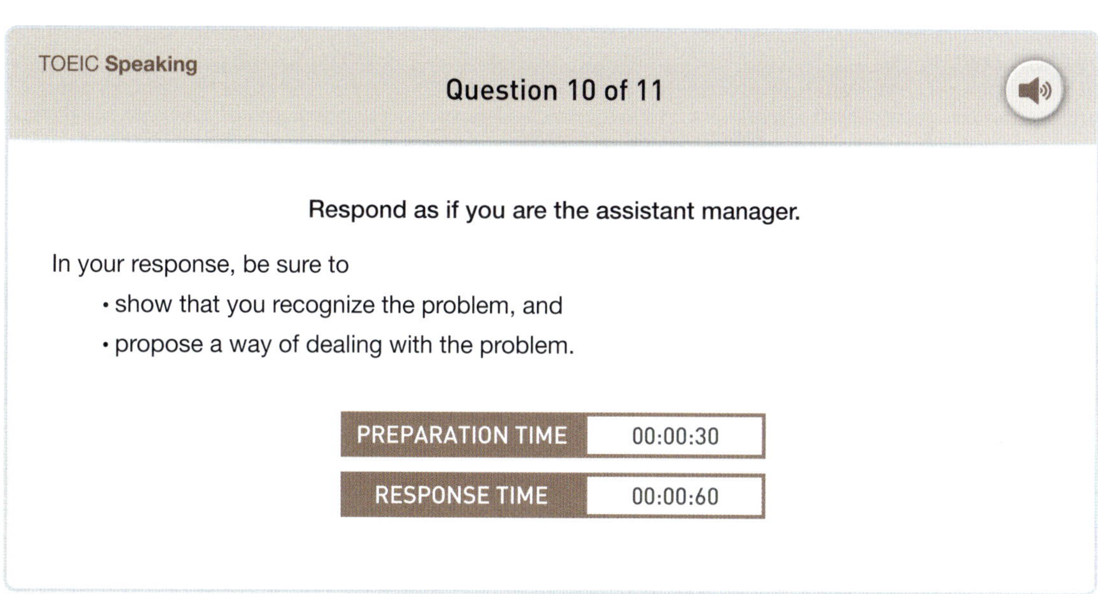

TOEIC **Speaking** 

Question 11: Express an opinion

Directions: In this part of the test, you will give your opinion about a specific topic. Be sure to say as much as you can in the time allowed. You will have 15 seconds to prepare. Then you will have 60 seconds to speak.

TOEIC **Speaking** 

Question 11 of 11

Do you think companies should encourage employees to use public transportation? Why or why not?

PREPARATION TIME	00:00:15
RESPONSE TIME	00:00:60

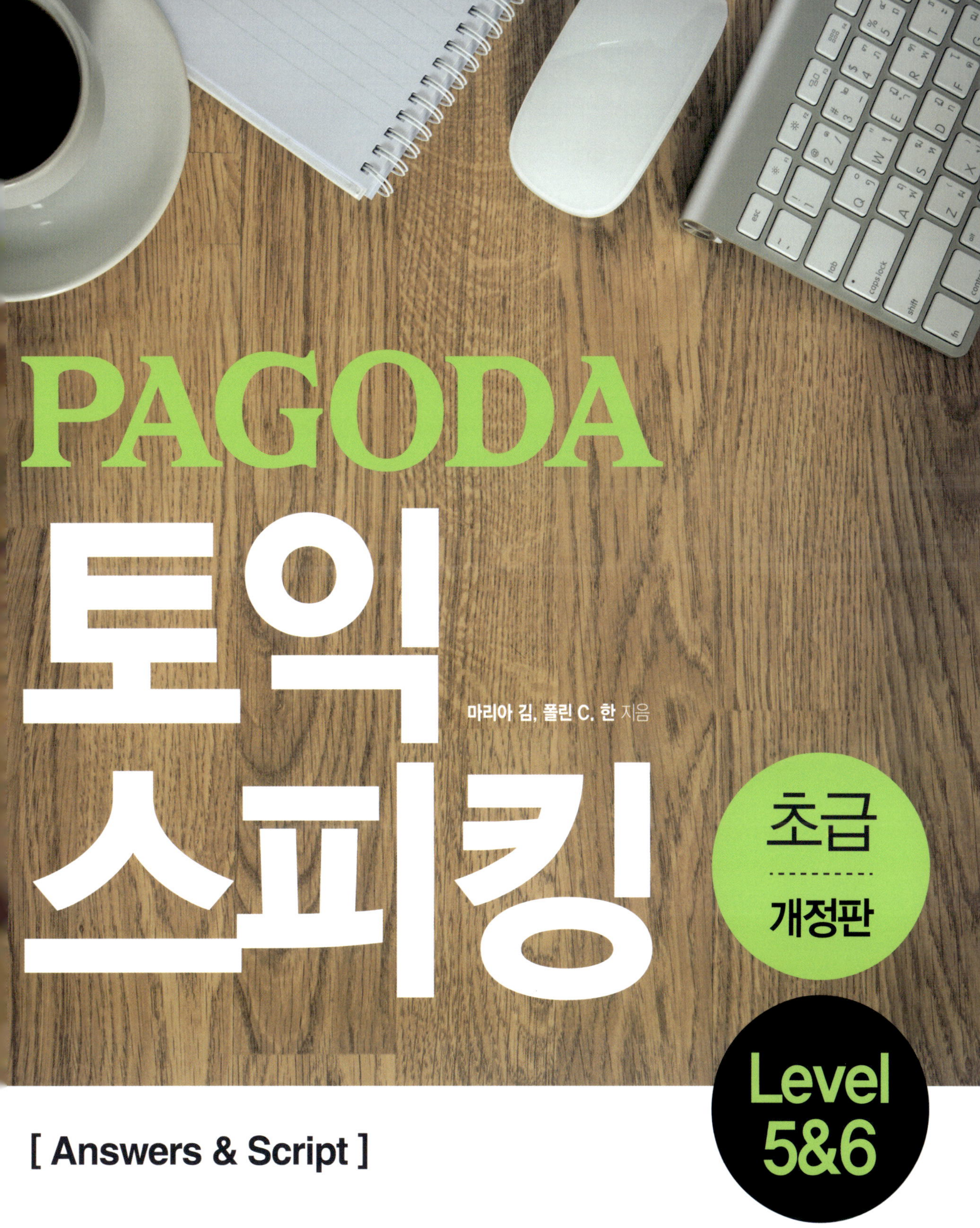

PAGODA
토익 스피킹
마리아 김, 폴린 C. 한 지음
초급
개정판
Level
5&6
[Answers & Script]
PAGODA Books

ANSWERS & SCRIPT

초급

 지문 읽는 연습하기

연습문제 1 문제 p.026 P1_14

Are you **looking** for a **place** / which is **located** / in the **city**? ↗
　　　　동사강조　　　　명사　　　　　be동사 보어　　　　명사
// Right **now**, ↗ / your perfect **home** is **available** / at **Sunday**
　　시간부사　　　　　　　　명사　　be동사 보어　　　　고유명사
Building. ↘ // These new luxury **apartments** / are **easy to access**
　　　　　　　　　　　　　　　　명사　　　be동사 보어　　동사
/ **Kingston Train Station**, ↗ / **where** there are some **bus** stops ↗ /
　　고유명사　　　　　　　　　관계부사　　　　　　　첫 명사
and a **number** of **subway** lines. ↘ // If you **need** more **details**, ↗ /
　　　명사　　첫 명사　　　　　　　　　　동사　　　명사
you can **visit** our **website**. ↘ //
　　　　동사　　　　명사

해설 look 동사에 '보다' 뜻 말고 'find'(찾다)라는 의미도 있습니다. look for를 한다고 기존의 '찾다'에서 의미가 달라지는 것은 아니므로 본 동사인 look을 강조합니다.

해석 도심에 위치한 장소를 찾으십니까? 바로 지금, 당신의 완벽한 집을 선데이 빌딩에서 고를 수 있습니다. 새롭고 럭셔리한 이 아파트는 몇 개의 버스 정류장들과 많은 지하철 노선이 있는 킹스턴 열차 역으로 접근성이 용이합니다. 더 세부적인 사항을 원하시면, 우리 웹사이트를 방문해 주세요.

어휘 look for ~를 찾다　easy to access 접근성이 좋은, 접근성이 용이한　a number of 많은

연습문제 2 문제 p.027 P1_15

If you are **looking** for **shoes** / that **provide** / both **style** and
　　　　동사강조　　　명사　　　동사　　　　명사
comfort, ↗ / come to **Stanley Footwear**. ↘ // We **offer** **shoes** /
　명사　　　동사　　　고유명사　　　　　　　동사　　명사
for **men**, ↗ / **women**, ↗ / and **children** → / in various **sizes**, ↗ /
　명사 a　　　명사 b　　　　명사 c　　　　　　　명사 a
prices ↗ / and **design**. ↘ // In **addition**, ↗ / our **fitting** experts /
　명사 b　　　　명사 c　　　　　명사　　　　　첫 명사
are **available** / in our **store** / to **help** you **choose** / the right **pair**
　be동사 보어　　　　명사　　　동사　　　동사　　　　　명사
of **shoes** / for **you**. ↘ //
　명사　　목적격 대명사

해설 나열 구조(명사가 연달아서 나오는 경우 또는 형용사가 연달아서 나오는 경우 등)에서 단어마다 올려 읽고 반 박자 쉬고, 올려 읽고 반 박자 쉬고 마지막 단어에서 내려 읽는데, 마지막 단어에서 문장이 끝나지 않은 경우에는 억양을 유지해 줍니다. **예시** men, ↗ / women, ↗ / and children → / ~~

해석 만약에 당신이 스타일과 편안함을 모두 갖춘 신발을 찾는다면 스탠리 풋웨어로 오십시오. 우리는 남성, 여성, 아이들을 위한 신발을 다양한 사이즈, 가격, 디자인으로 제공합니다. 게다가, 우리의 맞춤 전문가들이 가게에서 언제나 여러분이 맞는 신발을 고를 수 있도록 도와드립니다.

어휘 comfort (명사) 안락함, 편안함　expert 전문가　a pair of 한 켤레의

연습문제 3 문제 p.028 P1_16

Please **attention**, ↗ / **Happy Market** shoppers. ↘ // The **time** is
플리즈 강조　　　　　고유명사　　　　　　　　　　명사
now eight **forty-five**, / and the **store** / will be **closed** / in **twenty**
시간부사　　숫자　　　　　　　명사　　be동사 보어　　숫자
minutes. ↘ // If you **need** **assistance** / while **making** your final
　　　　　　　　　　동사　　명사　　　　　　동사

해설 please를 발음할 때 양 입술을 말아 넣었다가 터뜨리면서 발음하므로, please는 내용어가 아님에도 강조되는 단어입니다. 자연스럽게 하기 위해 please가 나왔을 때는 바로 뒤의 동사의 강세는 약하게 표현합니다.

해석 해피 마켓 고객님들 주목해 주세요. 이제 시간이 8시

selections, ♪ / please ask for help / to any available sales
명사   강조   명사   첫 명사
associate. ↘ // As a reminder, ♪ / we have / extended business
              명사   동사   첫 명사
hours / on Fridays, ♪ / Saturdays, ♪ / and Sundays → / for your
         명사 a   명사 b   명사 c
convenience. ↘ // Thank you for visiting / at Happy Market. ↘ //
명사   동사   동명사   고유명사

45분이고, 가게는 20분 후에 문을 닫습니다. 최종 결정을 내리시는 데 도움이 필요하면, 어느 판매 직원에게나 도움을 요청하십시오. 다시 한 번 상기시켜 드리고자 하는 것은, 매주 금요일, 토요일, 그리고 일요일마다 고객님들의 편의를 위해 저희 영업 시간이 연장되었다는 것입니다. 저희 해피 마켓을 방문해 주셔서 감사합니다.

● 어휘 assistance 도움 sales associate 판매 직원 extended 연장된

연습문제 4 문제 p.029   P1_17

Before we start / our monthly staff meeting, ♪ / I'd like to
         동사   첫 명사
introduce our new executive chef, ♪ / Richard Jones. ↘ // First,
동사   명사   Richard Jones   family name   부사
♪ / he'll speak / about his plans / in the kitchen ♪ / and strategies
     본동사   명사   명사   명사
♪ / for the restaurant. ↘ // Chef Jones / is looking forward / to
     명사   고유명사   2어동사 부사
making a new menu / for our restaurant's appetizers, ♪ / main
동명사   명사   명사 a
dishes ♪ / and drinks. ↘ //
명사 b   명사 c

● 해설 인물 소개 지문의 경우에는 full name이 등장합니다. 영어 이름 구성이 given name + family name으로 되어 있는데 이런 경우, family name을 좀 더 강조해 줍니다.

● 해석 우리의 월간 직원 회의를 시작하기에 앞서, 새로운 총 주방장인 Richard Jones 씨를 소개합니다. 우선, 그는 우리 주방에 관한 계획과 식당을 위한 전략을 이야기할 것입니다. 주방장 Jones 씨는 우리 식당의 애피타이저, 메인 요리 그리고 음료와 관련하여 새로운 메뉴를 개발하는 것을 고대하고 있습니다.

● 어휘 executive 중역의, 고위직의 strategy 전략 look forward to ~을 기대하다, 고대하다

연습문제 5 문제 p.030   P1_18

Now, ♪ / it's time / for the latest traffic report / from radio news,
시간부사   명사   최상급   첫 명사
/ Ninety-Eight. ↘ // Right now, ♪ / traffic is moving smoothly /
고유명사   시간부사   명사   본동사
through most of the town. ↘ // However, ♪ / because parts of
                   명사   부사   명사
Canal Street / are under construction, ♪ / we have / some heavy
고유명사   명사   동사
traffic / in the city center. ↘ // For commuters / in the area, / we
명사   첫 명사   명사   명사
suggest / that you take a bus, ♪ / travel by train ♪ / or wait until
동사   동사   명사   동사   명사   동사
later. ↘ //
부사

● 해석 이제, 98번 라디오 교통 방송 시간입니다. 현재, 차량들은 지역 전역에 걸쳐 순조롭게 움직이고 있습니다. 하지만, 캐널 스트릿이 현재 공사 중에 있으므로, 도시 중심부에 약간의 교통 체증이 있습니다. 그 지역의 통근자 분들은 버스를 타거나, 열차로 이동하거나, 나중까지 기다릴 것을 권해 드립니다.

● 어휘 the latest 최신의 smoothly 순조롭게 be under construction 공사 중이다 heavy traffic 교통 체증

We have / a big news / for our listeners / in Springfield. ↘ // For
the first time / in two years, ↗ / snow is in the forecast. ↘ // Nearly
eight centimeters of snow / will cover the town. ↘ // Because the
snow will fall / overnight, ↗ / we expect serious traffic congestion
/ during the morning commute. ↘ // Workers are planning to
clean / the city roads, ↗ / parking lots ↗ / and sidewalks. ↘ //

해석 스프링필드의 청취자분들께 한 가지 중요한 소식이 있습니다. 2년 만에 처음으로 눈이 예상됩니다. 약 8센티미터의 눈이 우리 지역을 덮을 것입니다. 눈이 밤새 내릴 것이므로 아침 통근에 심각한 교통 체증이 있을 것으로 예상됩니다. 작업자들이 시내 도로와 주차장과 인도를 치울 계획입니다.

어휘 forecast 예상, 예측, 예보 cover 덮다 overnight 밤새 traffic congestion 교통 체증 sidewalk 인도

연습문제 7 문제 p.032 P1_20

Thank you for calling / Fast Food Supply, ↗ / where we provide
/ convenient delivery service / to your home. ↘ // Press "one" /
to hear / our special events, ↗ / reschedule a reservation, ↗ / or
confirm / an existing order. ↘ // To make / a new order, ↗ / stay /
on the line ↗ / and one of our representatives / will be with you /
shortly. ↘ // We appreciate / your business. ↘ //

해석 여러분의 집까지 편리한 배달 서비스를 제공하는 패스트 푸드 서플라이에 전화 주셔서 감사합니다. 저희의 특별 행사를 듣거나, 예약 일정을 조정하거나, 이미 한 예약을 확인하고 싶다면 1번을 눌러 주세요. 새로운 예약을 하시려면 수화기를 들고 기다려 주세요. 저희의 직원 중 한 명이 곧 당신과 함께 할 것입니다. 여러분의 구매에 감사 드립니다.

어휘 reschedule 일정을 다시 잡다 make an order 주문하다 stay on the line 수화기를 들고 기다리다

연습문제 8 문제 p.033 P1_21

Thank you for calling / the technology issues hotline / here /
at Best Repairing Center. ↘ // Please follow / the instructions
↗ / before we connect you / with a mechanic. ↘ // Turn off /
your electronic device, ↗ / unplug it, ↗ / and reconnect it / to
the power source. ↘ // After you finish / these preparations, ↗ /
please press "one". ↘ // In a few minutes, ↗ / someone will be
with you / to provide assistance. ↘ //

해석 기술 문제 상담 전화인 베스트 리페어링 센터에 전화 주셔서 감사합니다. 정비공과 연결해 드리기에 앞서, 다음의 지시 사항을 따라 주세요. 당신의 전자 기기를 끄고, 전원을 뽑은 다음 다시 전원에 연결해 주세요. 이런 준비가 끝나고 나면, 1번을 눌러 주세요. 몇 분 후에, 누군가가 당신을 도와 줄 것입니다.

어휘 mechanic 정비공 instruction 지시 사항 in + 시간 ~후에

실전 연습 01 문제 p.034   P1_22

Good evening everyone, ♩ / here is the evening report. ⤵ //
첫 명사   지시대명사   첫 명사
Today's top story / is about weather. ⤵ // Because we have had /
명사   명사   본동사
significantly dry conditions / during this summer, ♩ / we are very
부사   명사   명사
pleased / to forecast rain! ⤵ // In fact, ♩ / our area / can expect /
be동사 보어   동사   명사   명사   명사   본동사
nearly 3 days of wet weather. ⤵ // There will be cloudy skies, ♩ /
숫자   명사   명사
strong winds, ♩ / and continuous rainfall / during this period. ⤵ //
명사   명사   명사

◑ 어휘 be pleased to ~하게 되어 기쁘다   expect 예상하다   during ~ 동안

◑ 발음 확인

- significantly [sɪgnífɪkəntli] /씨그니피컨뜰리/
  극심한
- forecast [fɔ́:rkæst] /퍼얼캐스트/ 일기예보를 하다
- rainfall [réɪnfɔ̀:l] /뤠인퍼얼–/ 폭우

◑ 해석 안녕하세요, 저녁 뉴스입니다. 오늘의 첫 번째 소식은 날씨에 관한 것입니다. 이번 여름 동안 극심하게 건조했기 때문에, 비를 예보하게 되어 매우 기쁩니다. 사실, 우리 지역은 대략 3일 동안 비가 예상됩니다. 구름 낀 하늘과 강한 바람과 지속적인 폭우가 이 기간 동안 예상됩니다.

Welcome / to this training seminar / for our new data management
동사   첫 명사   첫 명사
system. ⤵ // First, ♩ / let's meet / the manager of technology
부사   동사   명사   첫 명사
team, ♩ / Phillip Taylor. ⤵ // Phillip will teach you / how to enter
family name   고유명사   동사   의문사   동사
information, ♩ / keep files ♩ / and access customer charts / for
명사   동사 명사   동사   첫 명사
your practical performance. ⤵ // After you finish the training, ♩ /
명사   동사   명사
he'll be available / to assist anyone / who needs it! ⤵ //
be동사 보어   동사   동사

◑ 어휘 how to ~ 하는 법, 어떻게 ~하는지   practical 실질적인   performance 업무 수행

◑ 발음 확인

- technology [teknáːlədʒi] /텍날–러쥐/ 기술
  한국식 '테크놀로지'가 아닌 /텍날–러쥐/처럼 영어식으로 발음 해 주세요.
- access [ǽkses] /액쎄쓰/ 접근
- performance [pərfɔ́ːrməns] /펄풔어–먼쓰/ 업무 수행
  첫 소리 /p/는 양 입술을 말아 넣었다가 터뜨리듯이 발음하고 중간의 /f/ 발음은 윗니로 아랫입술을 살짝 깨물고 발음 해 주세요.

◑ 해석 정보 관리 시스템 훈련에 오신 것을 환영합니다. 우선, 기술팀 매니저인 Phillip Taylor 씨를 만나보겠습니다. Phillip 씨는 여러분들에게 어떻게 정보를 입력하는지, 파일을 보관하는지, 고객 차트에 접근하는지를 여러분의 실질적인 업무 수행을 위해 알려 줄 것입니다. 이 훈련이 끝나고 나면, 그는 누구든 도움이 필요한 사람을 도울 수 있을 것입니다.

If you are looking for / the freshest fruits / and vegetables / in
　　　　　동사강조　　　　　　最상급　　명사　　　　　명사
town, ↗ / come to Franklin Market. ↘ // You can come / with
　명사　　　　동사　　　　고유명사　　　　　　　　　　동사
your entire family / and pick / your own cabbage, ↗ / carrot ↗ /
　　　　　명사　　　　동사　　　　　　명사　　　　　　명사
and corn. ↘ // And this weekend only, ↗ / you can taste / free
　　명사　　　　　　　　명사　　　　　　　　　　　　동사
samples of our famous honey. ↘ // Before you leave, ↗ / don't
　명사　　　　　　　명사　　　　　　　　　동사　　　　　부정어
forget to visit / our Franklin Bakery / to enjoy / our delicious
　　　　동사　　　　고유명사　　　　　　동사
desserts. ↘ //
　명사

◑ 발음 확인

- vegetable [védʒtəbl] /붸지터블/ 야채
  윗니로 아랫입술을 살짝 문 상태에서 소리를 울리며 /v/ 발음
  을 주의하며 발음해 주세요.
- cabbage [kǽbɪdʒ] /캐비쥐/ 양배추
  마지막에 /쥐/ 발음할 때 입술을 앞으로 내밀고 발음해 주세요.
- dessert [dɪzɜ́ːrt] /디줘-얼트/ 디저트 /z/
  발음을 주의해서 발음해 주세요.

◑ 해석 만약에 당신이 우리 동네에서 가장 신선한 과일과 야채
를 찾고 있다면, 프랭클린 마켓으로 오세요. 당신은 당신의 일가
족과 같이 오셔서 당신만의 양배추, 당근 그리고 옥수수를 고를
수 있습니다. 그리고 오직 이번 주에만, 당신은 우리의 저명한
꿀을 샘플로 맛 볼 수 있습니다. 떠나시기 전에는 저희 프랭클린
제과점에 들르셔서 맛있는 디저트도 즐겨 보세요.

◑ 어휘 entire 전체의　taste 맛 보다　don't forget to ～할 것을 잊지 마세요

Good evening, ↗ / Edison Fashion shoppers. ↘ // This month
　　　　명사　　　　고유명사　　　　　　　　　　　　　　　명사
only, ↗ / we're offering / a discount / on tailoring service / to
　　　　　　본동사　　　　명사　　　　　첫 명사
customers / who make a purchase / over fifty dollars. ↘ // All
　명사　　　　　동사　　　명사　　　　　숫자
alterations / can be finished / in the store / within one hour. ↘
　명사　　　　　본동사　　　　　명사　　　　　　명사
// We can offer / service / on any kinds of clothes / such as
　　　동사　　　명사　　　　　　명사　　　　명사
dresses, ↗ / trousers ↗ / or jackets. ↘ // To find out more / about
　명사 a　　　명사 b　　　명사 c　　　　2어동사 부사
the service, ↗ / talk / to the staff / wearing / a uniform. ↘ //
　명사　　　　동사　　　명사　　　동사　　　명사

◑ 발음 확인

- tailoring [téɪlərɪŋ] /테일러링/ 수선
  혀의 앞부분으로 입천장의 가운데를 치면서 /t/ 발음을 해 주
  세요.
- purchase [pɜ́ːrtʃəs] /퍼-얼춰쓰/ 구매
  chase /췌이스/ '뒤쫓다라는 단어 때문에 /펄춰이스/(X)라고
  발음하는 경우를 종종 봅니다. /퍼-얼춰쓰/라고 발음하는 것
  기억해 두세요.
- trousers [tráʊzərz] /트라우절즈/ 바지
  중간에 /z/ 발음을 할 때 입을 양 옆으로 벌리고 윗니와 아랫니
  를 좁게 하여 /z/ 소리를 제대로 내면서 발음해 주세요.

◑ 해석 안녕하세요, 에디슨 패션 쇼핑객 여러분. 오직 이번 달
에만, 50달러 이상 구매고객에게 수선 서비스 할인을 제공합니
다. 모든 수선은 가게 안에서 한 시간 이내에 마무리됩니다. 저
희는 드레스, 바지, 자켓과 같은 다양한 옷에 관하여 서비스를
제공합니다. 서비스에 대해서 더 알고 싶으신 분은 유니폼을 입
고 있는 저희 직원에게 문의해 주십시오.

◑ 어휘 offer a discount 할인을 해 주다　make a purchase 구매하다　within ～ 이내에

01 사무실, 회의실 사진

P2_05

1. 사진의 장소는 어디인가요?	이 사진은 회의실 사진입니다. ≫ This is a picture of a meeting room.
2. 사진에는 무엇이 보이나요? (위치 잡기)	사진의 중앙에 사람들이 탁자에 둘러 앉아 있습니다. ≫ In the middle of the picture, people are sitting around a table. 모든 사람들은 정장을 입고 있습니다 ≫ All of them are wearing business suits. 그들 중 한 명은 서서 이야기하고 있습니다. ≫ One of them is standing and talking. 그들 중 몇몇은 종이 위에 뭔가를 적고 있습니다 ≫ Some of them are writing something on the paper. 다른 사람들은 듣고 있습니다. ≫ The others are listening.
3. 잡은 포인트 세부 묘사하기	모든 사람들이 웃고 있어요 ≫ All of them are smiling.
4. 사진에 대한 주관적인 느낌은 어떤가요?	사람들이 회의를 즐기고 있는 것처럼 보입니다. ≫ It seems like the people are enjoying the meeting.

02 시장, 상점 사진

P2_07

1. 사진의 장소는 어디인가요?	이 사진은 전자기기 가게 사진입니다. ≫ This is a picture of an electronics store.
2. 사진에는 무엇이 보이나요? (위치 잡기)	사진의 중앙에 점원이 손님들을 도와주고 있습니다. ≫ In the middle of the picture, a clerk is helping customers. 그는 텔레비전을 가리키고 있습니다. ≫ He is pointing at a television. 그의 옆에, 남자와 여자가 서 있습니다. ≫ Next to him, a man and a woman are standing. 그들은 점원의 설명을 듣고 있습니다. ≫ They're listening to the clerk. 남자가 여자의 어깨에 팔을 두르고 있습니다. ≫ The man is resting his arm around the woman's shoulder.
3. 잡은 포인트 세부 묘사하기	배경엔 많은 가전들이 보입니다. ≫ In the background of the picture, I can see many appliances.
4. 사진에 대한 주관적인 느낌은 어떤가요?	가게가 사람들로 붐비지 않는 것처럼 보입니다. ≫ It seems like the store is not crowded with people.

03 도시, 거리 사진

1. 사진의 장소는 어디인가요?	이 사진은 버스 정류장 사진입니다. >> This is a picture of a bus stop.
2. 사진에는 무엇이 보이나요? (위치 잡기)	사진의 왼쪽에 한 남자가 서서 스마트폰을 사용하고 있어요. >> On the left side of the picture, a man is standing and using his smart phone. 그는 정장을 입고 있어요. >> He is wearing a suit. 그 사람 뒤에, 사진의 오른쪽에 4명의 사람들이 줄 서 있어요. >> Behind him, on the right side of the picture, four people are waiting in line. 그들은 캐주얼을 입고 있어요. >> They are wearing casual clothes. 그들은 버스를 기다리는 것 같아요. >> It seems like they're waiting for a bus.
3. 잡은 포인트 세부 묘사하기	사진의 배경에 버스 두 대가 보입니다. >> In the background of the picture, I can see two buses.
4. 사진에 대한 주관적인 느낌은 어떤가요?	사람들이 지루한 것처럼 보입니다. >> It seems like the people are bored.

04 공원, 놀이공원 사진

P2_11

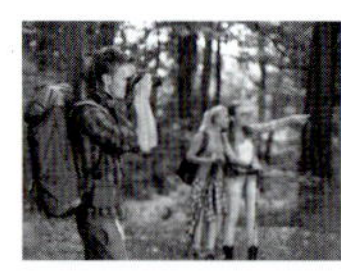

1. 사진의 장소는 어디인가요?	이 사진은 공원 사진입니다. >> This is a picture of a park.
2. 사진에는 무엇이 보이나요? (위치 잡기)	사진의 왼쪽에 남자가 사진을 찍고 있어요. >> On the left side of the picture, a man is taking a picture. 그는 배낭을 메고 있어요. >> He is wearing a backpack. 사진의 오른쪽에 여자 둘이 서 있어요. >> On the right side of the picture, two women are standing. 그들은 등산 지팡이를 들고 있어요. >> They're holding trekking poles. 그들은 사진의 오른쪽을 가리키고 있어요 >> They're pointing at the right side of the picture.
3. 잡은 포인트 세부 묘사하기	사진의 배경엔 푸른 잎이 무성한 나무들이 있어요. >> In the background of the picture, I can see trees full of green leaves.
4. 사진에 대한 주관적인 느낌은 어떤가요?	등산하기 좋은 날 같아요. >> It looks like it's a beautiful day for hiking.

정류장, 공항 사진

1. 사진의 장소는 어디인가요?	이 사진은 공항의 로비 사진입니다. ≫ This is a picture of an airport lobby.
2. 사진에는 무엇이 보이나요? (위치 잡기)	사진의 중앙에 한 여자가 여행가방을 끌고 가고 있어요. ≫ In the middle of the picture, a woman is pulling a suitcase. 그녀의 등이 보입니다. ≫ I can see her back. 그녀는 가죽 자켓을 입고 있어요. ≫ She is wearing a leather jacket. 사진의 오른쪽에 체크인 카운터가 보입니다. ≫ On the right side of the picture, I can see check-in counters. 카운터 앞에 몇몇 사람들이 체크인 하려고 기다리고 있어요. ≫ In front of the counter, some people are waiting for checking in.
3. 잡은 포인트 세부 묘사하기	배경에 많은 사람들이 있어요. ≫ In the background of the picture, I can see many people.
4. 사진에 대한 주관적인 느낌은 어떤가요?	공항이 사람들로 붐벼 보입니다. ≫ It seems like the airport is crowded with people.

간이식당, 레스토랑 사진

1. 사진의 장소는 어디인가요?	이 사진은 레스토랑 사진입니다. ≫ This is a picture of a restaurant.
2. 사진에는 무엇이 보이나요? (위치 잡기)	사진의 좌측에 두 사람이 테이블에 앉아 있어요. ≫ On the left side of the picture, two people are sitting at a table. 테이블에는 음식이 보입니다. ≫ On the table, I can see some foods. 사진의 우측에 웨이터가 와인을 서빙하고 있어요. ≫ On the right side of the picture, a waiter is serving wine.
3. 잡은 포인트 세부 묘사하기	사진의 배경에는 식사하는 다른 사람들이 보여요. ≫ In the background of the picture, I can see other diners.
4. 사진에 대한 주관적인 느낌은 어떤가요?	사람들이 시간을 즐기는 것처럼 보여요 ≫ It seems like the people are enjoying their time.

07 거실, 부엌, 탕비실 사진

1. 사진의 장소는 어디인가요?	이 사진은 주방 사진입니다. >> This is a picture of a kitchen.
2. 사진에는 무엇이 보이나요? (위치 잡기)	사진의 전면부에 한 여자가 조리대에 앉아 있어요. >> In the foreground of the picture, a woman is sitting at the kitchen counter. 그녀는 한 손에 컵을 들고 있어요. >> She is holding a cup in one hand. 그녀는 다른 손으로 노트북을 사용하고 있어요. >> She is using a laptop computer with the other hand. 그녀는 웃고 있어요. >> She is smiling.
3. 잡은 포인트 세부 묘사하기	사진의 배경에 남자가 가스렌지 앞에서 요리하고 있어요. >> In the background of the picture, a man is cooking in front of the stove. 남자의 등이 보여요 >> I can see his back.
4. 사진에 대한 주관적인 느낌은 어떤가요?	두 사람이 즐거운 시간을 보내는 것처럼 보여요. >> It seems like they're having a good time.

08 극장, 공연장, 강당 사진

1. 사진의 장소는 어디인가요?	이 사진은 야외 콘서트장 사진입니다. >> This is a picture of an outdoor concert.
2. 사진에는 무엇이 보이나요? (위치 잡기)	사진의 배경에 무대가 보입니다. >> In the background of the picture, I can see a stage. 몇몇 사람들이 무대에서 공연하고 있어요. >> Some people are performing on the stage. 사진의 전면부엔 많은 사람들이 공연을 보고 있어요. >> In the foreground of the picture, many people are watching the performance. 사람들의 등이 보입니다. >> I can see the people's backs. 많은 사람들은 여름 옷을 입고 있어요. >> Many people are wearing summer clothes.
3. 잡은 포인트 세부 묘사하기	한 여자는 남자의 어깨에 올라타 앉아 있어요. >> One woman is sitting on a man's shoulder.
4. 사진에 대한 주관적인 느낌은 어떤가요?	사람들이 즐거워 보입니다. >> It seems like the people are having fun.

Step 4 　실전 연습

실전 연습 01 　문제 p.062　　　　　　　　　　　　　P2_20 

모범 답안	해석
This is a picture of a street.	이 사진은 거리 사진입니다.
In the middle of the picture, four people are standing together.	사진의 중앙에는 4명의 사람들이 함께 서 있어요.
One of them is holding a map.	그들 중 한 명은 지도를 들고 있습니다.
He is wearing a black shirt and a scarf.	그는 검은색 셔츠와 목도리를 하고 있습니다.
Next to him, the others are looking at the map, too.	그의 옆에서 다른 사람들도 지도를 보고 있어요.
In front of them, I can see blue, white and orange suitcases.	그들 앞에 파란색, 하얀색 그리고 오렌지색 여행가방들이 보입니다.
In the background of the picture, I can see a beautiful building.	사진의 배경에 아름다운 건물이 보입니다.
It seems like the street is a tourist destination.	이 거리는 관광지처럼 보입니다.

실전 연습 02 　문제 p.063　　　　　　　　　　　　　P2_21 

모범 답안	해석
This is a picture of a café.	이 사진은 카페 사진입니다.
In the middle of the picture, four people are sitting at a table.	사진의 중앙에 4명의 사람들이 테이블에 둘러 앉아 있습니다.
They're all wearing suits.	그들은 모두 정장을 입고 있습니다.
One of them is holding some paper.	그들 중 한 명은 종이를 들고 있어요.
The others are listening to him.	다른 사람들은 그의 얘기를 듣고 있어요.
One of them is a woman.	그들 중 한 명은 여자입니다.
Two men are wearing glasses.	2명의 남자들은 안경을 쓰고 있어요.
They're all smiling.	그들은 모두 웃고 있어요.
On the table, I can see a laptop computer and some cups.	테이블 위에는 노트북 컴퓨터와 컵들이 있어요.
It seems like they're having a meeting.	그들이 회의를 하고 있는 것처럼 보입니다.

연습문제 1 문제 p.075　　　　　　　　　　　　　　　　　　　　　　　P3_08 

Imagine that a company wants to release a new smart phone. You have agreed to participate in a telephone interview about smart phones.

해석 한 회사가 새로운 스마트폰을 출시하려 한다고 가정해 보세요. 당신은 스마트폰에 관해 전화 인터뷰에 응하기로 동의하였습니다.

Q4. **When was the last time you bought a new smart phone? Where did you buy it?**

The last time I bought a new smart phone was two years ago. I bought it on the Internet.

마지막으로 새로운 스마트폰을 산 것은 언제인가요? 어디서 구매하였나요?

마지막으로 새로운 스마트폰을 산 것은 2년 전입니다. 저는 그것을 인터넷에서 구매하였습니다.

Q5. **How often do you buy a new smart phone?**

I buy a new smart phone from time to time.

얼마나 자주 새로운 스마트폰을 구매하나요?

저는 때때로 새로운 스마트폰을 구매합니다.

Q6. **Which of the following is the most important information when you buy a new smart phone?**
- **Brand name**
- **The latest camera on smart phone**
- **Price**

For me, price is the most important. The reason is that I am a student. I have very tight budget. I am always looking for a way to save money. If the price is cheap, I can save money. So, price is the most important for me.

당신이 새로운 스마트폰을 살 때 다음 중 가장 중요한 정보는 무엇인가요?
– 브랜드 네임
– 스마트폰에 있는 최신 카메라
– 가격

저에게는 가격이 가장 중요합니다. 이유는 제가 학생이기 때문입니다. 저는 빡빡한 예산을 가지고 있습니다. 저는 항상 돈을 절약할 수 있는 방법을 찾습니다. 만약에 가격이 저렴하다면, 저는 돈을 절약할 수 있습니다. 그러므로 저에게는 가격이 가장 중요합니다.

어휘 on the Internet 인터넷에서　from time to time 때때로　tight budget 빡빡한 예산　save money 돈을 절약하다

연습문제 2 문제 p.076　　　　　　　　　　　　　　　　　　　　　　　P3_09

Imagine that an England marketing firm is doing research in your country. You have agreed to participate in a telephone interview about electronic navigation devices.

해석 영국의 한 마케팅 회사가 당신 나라에서 설문조사를 하고 있습니다. 당신은 전자 네비게이션 기기에 대해 전화 인터뷰에 응하기로 동의하였습니다.

Q4. **When you travel, do you prefer to use a paper map or an electronic navigation device? Why?**

When I travel, I prefer to use an electronic navigation device. The reason is that it is very convenient.

당신은 여행을 할 때, 종이 지도를 사용하는 것을 선호하나요, 아니면 전자 네비게이션 기기를 사용하는 것을 선호하나요? 왜죠?

저는 여행할 때, 전자 네비게이션 기기를 사용하는 것을 선호합니다. 이유는 그것이 매우 편리하기 때문입니다.

Q5. **How far did you travel by using an electronic navigation device for the last time?**

It took about 30 minutes by subway. It was easy to follow.

마지막으로 전자 네비게이션 기기를 이용하여 얼마나 멀리까지 이동했나요?

지하철로 약 30분 정도 소요되었습니다. 따라하기 쉬웠습니다.

Q6. **Describe the last time you used an electronic navigation device.**

The last time I used an electronic navigation device was last month. I went to a different town. It was the first time for me to visit there. I got lost and I was confused. However, thanks to an electronic navigation device, I could find directions. It was easy to use.

마지막으로 전자 네비게이션 기기를 이용했던 때를 묘사해 보세요.

제가 마지막으로 전자 네비게이션 기기를 이용했던 것은 지난달입니다. 저는 다른 지역으로 갔습니다. 그곳에 처음으로 방문해 보는 것이었습니다. 저는 길을 잃었고, 혼란스러웠습니다. 하지만, 전자 네비게이션 기기 덕분에 저는 길을 찾을 수 있었습니다. 이용하기 쉬웠습니다.

어휘 It took ~ 시간이 ~ 걸리다   get lost 길을 잃다   thanks to ~ 덕분에

연습문제 3 문제 p.078

Imagine that a British marketing firm is doing research in your country. You have agreed to participate in a telephone interview about convenience stores.

해석 영국의 한 마케팅 회사가 당신의 나라에서 설문조사를 하고 있다고 가정해 보세요. 당신은 편의점에 관하여 전화 인터뷰에 응하기로 동의하였습니다.

Q4. **How often do you go to a convenience store and what do you usually buy?**

I go to a convenience store once a week and I usually buy a drink.

얼마나 자주 편의점에 가요, 그리고 주로 무엇을 사나요?

저는 편의점에 일주일에 한 번 갑니다. 그리고 저는 주로 음료를 삽니다.

Q5. **Is it important for you to buy fresh food at a convenience store? Why or why not?**

Yes, it is important for me. I often skip breakfast. If I can buy fresh food, I can feel full quickly.

편의점에서 신선한 음식을 사는 것은 당신에게 중요한가요? 왜죠?

네, 중요합니다. 저는 종종 아침을 거릅니다. 신선한 음식을 구매할 수 있다면 빠르게 배부름을 느낄 수 있습니다.

Q6. **What is the most important feature for you when you choose a convenience store? Choose one of the items below and give some reasons.**
   - Friendly staff
   - A wide selection of items
   - Location

For me, location is the most important. That's because it is very convenient. In my town, there are convenience stores near my school but I always go to the nearest one. I can save time and I can buy an item quickly. Therefore, location is the most important.

편의점을 고르는 데 있어서 가장 중요한 특징은 무엇인가요? 다음 항목 중 하나를 골라 이유를 제시해 주세요.
– 친절한 직원
– 다양한 제품
– 위치

저에게는 위치가 가장 중요합니다. 이것은 매우 편리하기 때문입니다. 저의 동네에는 학교 근처에 여러 편의점들이 있지만 저는 항상 가장 가까운 곳에 갑니다. 저는 시간을 절약할 수 있고 빨리 물건을 살 수 있습니다. 그러므로 위치가 가장 중요합니다.

어휘 skip breakfast 아침을 거르다   feel full 배를 채우다, 배부름을 느끼다   the nearest 가장 가까운   quickly 빨리

Imagine that you are talking on the phone with your friend. You are talking about fitness centers.

Q4. Who do you usually exercise with?
I usually exercise with my friends. It is not boring and I can get motivated.

Q5. What time of the day do you prefer to exercise? Why?
I prefer to exercise in the evening. That's because I have some free time in the evening.

Q6. Can you recommend any kinds of exercise which I can do in a fitness center?
In my case, I like to attend an exercise class. The reason is that I can learn some skills and get motivated. There are many kinds of classes such as yoga, spinning, crossfit and so on. When I exercise with other people, I don't feel bored. Moreover, I can exercise regularly. So, I think attending an exercise class is the best.

해석 당신은 당신 친구와 전화 통화 중이라고 가정해 보세요. 당신은 피트니스 센터에 대해 이야기하고 있습니다.

당신은 주로 누구와 운동을 합니까?
저는 주로 친구들과 운동을 합니다. 심심하지 않고 동기부여가 됩니다.

하루 중 어느 때에 운동하는 것을 선호하나요? 왜죠?
저는 저녁에 운동하는 것을 선호합니다. 저녁에 여유 시간이 있기 때문입니다.

제가 피트니스 센터에서 할 수 있는 운동을 추천해 줄래요?
저의 경우에는 운동 수업을 듣는 것을 좋아합니다. 이유는 바로 기술들을 배울 수 있고, 동기부여가 되기 때문입니다. 요가, 스피닝, 크로스핏 등과 같은 많은 다양한 수업들이 있습니다. 다른 사람들과 운동할 때면, 저는 지루하지 않습니다. 게다가, 저는 규칙적으로 운동할 수 있습니다. 그러므로 저는 운동 수업 듣는 것이 가장 좋다고 생각합니다.

어휘 with friends 친구들과 함께 get motivated 동기부여가 되다 in the evening 저녁에 and so on 등등

Imagine that a Canadian marketing firm is doing research about movies. You have agreed to participate in a telephone interview about watching movies.

Q4. How often do you watch a movie?
I watch a movie about once or twice a month.

Q5. What kinds of movies do you like to watch? Why?
I like to watch action movies. I can release my stress.

Q6. If a famous actor or actress appears on the movie, will it affect your decision-making? Why or why not?
If a famous actor or actress appears on the movie, it will affect my decision-making. The reason is that I can be sure that it will be interesting. Their acting is good so I can enjoy the movie. I don't need to worry about feeling bored. I can have a good time. So, it will affect my decision-making.

해석 캐나다의 한 마케팅 회사가 영화에 대한 설문조사를 하고 있다고 가정해 보세요. 당신은 영화 감상에 대한 전화 인터뷰에 응하기로 동의하였습니다.

당신은 얼마나 자주 영화를 보나요?
저는 한 달에 한 번 혹은 두 번 영화를 봅니다.

어떤 종류의 영화를 보는 것을 좋아하나요? 왜죠?
저는 액션 영화를 감상하는 것을 좋아합니다. 스트레스를 풀 수 있습니다.

만약에 유명한 배우가 영화에 출연한다면, 그것은 당신의 의사결정에 영향을 끼칠까요? 왜죠?
만약에 유명한 배우가 영화에 출연한다면, 그것은 저의 의사결정에 영향을 끼칠 것입니다. 이유는 그 영화가 재미있을 것임을 확신할 수 있기 때문입니다. 그들의 연기는 훌륭하므로 저는 그 영화를 즐길 수 있습니다. 저는 지루해 할 걱정을 하지 않아도 됩니다. 즐거운 시간을 보낼 수 있습니다. 그러므로 이것은 저의 의사결정에 영향을 끼칠 것입니다.

어휘 once or twice a month 한 달에 한두 번 release stress 스트레스를 풀다 affect 영향을 끼치다 be sure that ~에 대해 확신하다 decision-making 의사결정

연습문제 6 문제 p.082

Imagine that a publishing company in America is doing a research in your area. You have agreed to participate in a telephone interview about your reading habit.

Q4. **Where do you like to read books? Why?**
I like to read books in my room. The reason is that it is quiet.

Q5. **What was the last book you read? And who was the author?**
It was a novel. The author was a famous Korean author.

Q6. **What is your main reason for reading books?**
I usually read books to get good GPA. I often read books for my major. I want to get high GPA. I don't want to fail in exam. Before the exam, I usually read books for a long time. I can get a lot of information. Then, I can know about lots of knowledge.

해석 미국의 한 출판 회사가 당신의 지역에서 설문조사를 실시하고 있다고 가정해 보세요. 당신은 독서 습관에 관한 전화 인터뷰에 참여하기로 동의하였습니다.

당신은 어디에서 책 읽는 것을 좋아하나요? 왜죠?
저는 저의 방에서 책 읽는 것을 좋아합니다. 이유는 조용하기 때문입니다.

마지막으로 읽은 책은 무엇이었나요? 그리고 저자는 누구였나요?
소설이었습니다. 저자는 유명한 한국 작가였습니다.

책을 읽는 주된 이유는 무엇인가요?
저는 주로 좋은 점수를 받기 위해 책을 읽습니다. 저는 주로 저의 전공을 위해 책을 읽습니다. 저는 좋은 점수를 받고 싶습니다. 시험에 실패하고 싶지 않습니다. 시험 전에 저는 책들을 오랫동안 읽습니다. 저는 많은 정보를 알 수 있습니다. 그리고 많은 지식에 대해 알 수 있습니다.

어휘 quiet 조용한   novel 소설   GPA 학점, 점수   fail in ~에 실패하다

연습문제 7 문제 p.084

Imagine that an Australian marketing firm is doing research about your country. You have agreed to participate in a telephone interview about holidays.

Q4. **Who do you usually celebrate the holidays with?**
I usually celebrate the holidays with my family.

Q5. **During the holidays, do your family members like to eat out at a restaurant or eat some home-made food at home?**
During the holidays, my family members like to eat some home-made food. It is very healthy and meaningful.

Q6. **Describe the last holiday you spent.**
The last holiday was a Korean national holiday called '추석'. Our relatives gathered at one place. I could meet my uncles, aunts and cousins. We ate some traditional food together and relaxed at home. I could have a great time with my family members.

해석 호주의 한 마케팅 회사가 당신 나라에 대해 설문조사를 실시하고 있다고 가정해 보세요. 당신은 휴일에 관한 전화 인터뷰에 응하기로 동의하였습니다.

당신은 주로 누구와 함께 휴일을 기념하나요?
저는 주로 가족과 함께 휴일을 기념합니다.

휴일 동안에, 당신 가족들은 식당에서 외식하는 것을 좋아하나요, 아니면 집에서 만든 음식을 먹는 것을 좋아하나요?
휴일 동안에, 우리 가족들은 집에서 만든 음식을 먹는 것을 좋아합니다. 그것은 매우 건강에 도움이 되며 의미가 있습니다.

당신이 보낸 마지막 휴일에 대해 묘사해 보세요.
마지막 휴일은 한국의 휴일인 '추석' 이었습니다. 우리 친척들은 한 장소에 모였습니다. 저는 저의 삼촌들과 이모와 고모들, 그리고 사촌들을 만날 수 있었습니다. 우리는 함께 전통 음식을 먹고 집에서 휴식을 취하였습니다. 저는 가족들과 좋은 시간을 보낼 수 있었습니다.

어휘 celebrate 기념하다   healthy 건강에 좋은   relative 친척

Imagine that you are talking with your co-worker. You and your co-worker are talking about using a travel agency.

Q4. **When you go on a trip, how do you make a plan?**

When I go on a trip, I usually make a plan by using a travel agency.

Q5. **What are the disadvantages of using a travel agency?**

One of the disadvantages is that I need to follow the scheduled time.

Q6. **I'm thinking about joining a group tour on my next trip. How do you think about that?**

I think it's a great idea. The reason is that it is convenient and people can save time. In my case, I often use a travel agency to make a plan. They usually reserve a hotel, flight and admission tickets. In addition, I don't feel confused during the trip. So, I think that's a great idea.

해석　당신은 당신의 동료와 이야기하는 중이라고 가정해 보세요. 당신과 당신 동료는 여행사 이용에 관해 이야기하고 있습니다.

여행을 갈 때, 어떻게 계획을 세우나요?

여행을 갈 때, 저는 주로 여행사를 이용해서 계획을 세웁니다.

여행사를 이용하는 것의 단점은 무엇인가요?

단점 중에 하나는 정해진 일정을 따라야 한다는 것입니다.

저는 다음 여행 때, 단체 여행에 합류할까 생각 중입니다. 당신은 어떻게 생각해요?

저는 좋은 생각이라고 생각합니다. 이유는 그것이 편리하고 사람들은 시간을 아낄 수 있기 때문입니다. 저의 경우에 있어서는 주로 계획을 세우기 위해 여행사를 이용합니다. 그들은 주로 호텔, 비행편, 입장표 등을 예매해 줍니다. 게다가 여행하는 동안 혼란스럽지 않습니다. 그래서 저는 그것이 좋은 아이디어라고 생각합니다.

어휘　make a plan 계획을 세우다　follow the scheduled time 정해진 일정을 따르다　make a reservation 예약을 하다

실전 연습 1   문제 p.088   P3_16

Imagine that a shopping mall in your area is doing a research. You have agreed to participate in a telephone interview about shopping for clothes.

Q4. What kinds of clothes do you usually buy?
I usually buy casual clothes such as a t-shirt and jeans.

Q5. Do you like to look around the clothing stores? Why or why not?
Yes, I do. I am interested in the latest fashion.

Q6. Have you ever bought some clothing as a gift?
Yes, I have. I could make someone happy. Last year, it was my mother's birthday. I bought a sweater for her. She really liked it. I was happy for her, too. So, I think clothing can be a good gift.

해석 당신 지역의 한 쇼핑몰이 설문조사를 하고 있다고 가정해 보세요. 당신은 의류 쇼핑에 관한 전화 인터뷰에 응하기로 동의하였습니다.

당신은 어떤 종류의 옷을 주로 사나요?
저는 주로 티셔츠나 청바지와 같은 편안한 차림의 옷을 삽니다.

당신은 옷가게를 둘러보는 것을 좋아하나요? 왜죠?
네, 그렇습니다. 저는 최신 유행에 관심이 있습니다.

당신은 옷을 선물로 사 본 적이 있나요?
네, 사 본 적이 있습니다. 저는 누군가를 행복하게 해 줄 수 있습니다. 작년에 저희 어머니의 생신이었습니다. 저는 엄마를 위해 스웨터를 구매하였습니다. 엄마는 정말 좋아하였습니다. 저도 엄마 덕분에 행복하였습니다. 그래서 저는 옷은 좋은 선물이 될 수 있다고 생각합니다.

어휘 casual clothes 편안한 옷차림   be interested in ~에 관심이 있다   make someone happy (누군가를) 행복하게 하다

실전 연습 2   문제 p.090   P3_17

Imagine that a British marketing firm is doing a research in your area. You have agreed to participate in a telephone interview about coffee shops.

Q4. How far away is the nearest coffee shop from your school or workplace?
It takes about 10 minutes on foot. I often visit there and buy some coffee to go.

Q5. Do you like to buy some cookies or cakes when you buy some coffee? Why or why not?
Yes, I do. It goes well with coffee.

Q6. If there is a new coffee shop in your town, what is the most important thing? Why?
- Fast service
- Various menu
- Comfortable seating area

For me, various menu is the most important. The reason is that I get sick and tired of the same menu very easily. If there is a various menu, I can taste new menu whenever I visit there. I can be a regular customer. So, various menu is the most important.

해석 영국의 한 마케팅 회사가 당신 지역에서 설문조사를 실시하고 있다고 가정해 보세요. 당신은 커피숍에 관한 전화 인터뷰에 응하기로 동의하였습니다.

당신의 학교나 직장에서 가장 가까운 커피숍은 얼마나 떨어져 있나요?
도보로 10분 정도 걸립니다. 저는 종종 그곳에 방문하여 테이크아웃 커피를 삽니다.

당신은 커피를 구매할 때, 쿠키나 케이크를 같이 구매하는 것을 선호하나요? 왜죠?
네, 좋아합니다. 그것은 커피와 잘 어울립니다.

만약에 당신의 지역에 새로운 커피숍이 있다면, 다음 중 무엇이 가장 중요한가요? 왜죠?
– 빠른 서비스
– 다양한 메뉴
– 편안한 좌석 공간
저에게 있어서는 다양한 메뉴가 가장 중요합니다. 이유는 제가 같은 메뉴에 매우 쉽게 싫증을 느끼기 때문입니다. 만약에 다양한 메뉴가 있다면, 저는 그곳에 방문할 때마다 새로운 메뉴를 맛 볼 수 있습니다. 저는 단골이 될 수도 있습니다. 그러므로 다양한 메뉴가 가장 중요합니다.

어휘 to go 테이크아웃 하다   go well with ~와 잘 어울리다   get sick and tired of ~에 싫증이 나다   taste 맛 보다

1. 비즈니스 회의 문제 p.102   P4_08

TESOL Conference 2015
Saturday, November 14, 2015
Queens University

09:00–09:30 A.M.	Registration 등록
09:30–10:30 A.M.	Competence in Language Teaching – John Roberts 언어 교육에서의 역량 – John Roberts
10:30–11:50 A.M.	New ELT Culture – Manny Rodriguez 새로운 ELT 문화 – Manny Rodriguez
12:00–1:00 P.M.	Lunch * Free with a coupon 점심 * 쿠폰 지참자는 무료
1:00–1:50 P.M.	Interaction in the Classroom – Jeff Hartley 교실에서의 상호작용 – Jeff Hartley
1:50–2:20 P.M.	Break (Book Exhibition) 휴식 (도서 전시)
2:30–3:30 P.M.	Validity of English Assessment Tests – Randy Oh 영어 평가 시험의 유효성 – Randy Oh

* Coupons will be distributed during registration. 쿠폰은 등록 시 배부될 것입니다

제목/주제
날짜
장소

본문
시간, 행사 일정
– 단어 확인, 사람 이름
– 직업, 직책, 소속
  파악해두기!

Narration

Hi, I'll be participating in the TESOL Conference and I was wondering if you could answer some questions regarding it.

● 해석 안녕하세요, 저는 TESOL 컨퍼런스에 참석할 예정인데요, 제 질문에 대답을 좀 해주셨으면 좋겠습니다.

Q7. What is the date of the conference and where will it be held?
A It'll be held on Saturday, November 14th, in 2015 at Queens University.

컨퍼런스의 날짜는 언제이고 어디서 열리나요?
A 그것은 2015년 11월 14일 토요일에 Queens 대학에서 개최될 것입니다.

Q8. I heard that lunch is provided, right?
A I'm sorry, but you have the wrong information. Lunch is free with a coupon. And the coupons will be distributed during registration.

점심은 제공된다고 들었는데, 맞나요?
A 죄송하지만 잘못된 정보를 갖고 계십니다. 점심은 쿠폰이 있으면 무료이고 쿠폰은 등록 시 배부될 것입니다.

Q9. Could you please tell me all the sessions before lunch?
A Sure, there will be two sessions.
First, Competence in Language Teaching by John Roberts will be from 9:30 to 10:30 A.M. And second, New ELT Culture by Manny Rodriguez will be from 10:30 to 11:50 A.M.

점심시간 이전의 모든 일정을 이야기해 주시겠어요?
A 물론입니다. 2개의 일정이 있을 겁니다.
첫째, John Roberts의 언어 교육에서의 역량이 9시30분부터 10시30분까지 있을 것입니다. 둘째, Manny Rodriguez의 새로운 ELT 문화가 10시 30분부터 11시 50분까지 있을 것입니다.

Walden City College Continuing Education Center
Summer Class Schedule

Summer Sessions: June 5 – August 26
Fee: $200 / course

Day 요일	Time 시간	Class 수업	Instructor 강사
Monday	6:00–8:00 P.M.	Dancing: Ballroom Dancing 댄싱: 볼룸 댄싱	Ann Dodson
Tuesday	5:00–7:00 P.M.	Theater: Stage Acting 연극: 무대 연극	Anderson Key
Wednesday	1:00–3:00 P.M.	Cooking: Asian Cuisine 요리: 아시안 요리법	Josh Fong
Thursday	5:00–7:00 P.M.	Theater: Musical 연극: 뮤지컬	Paul Jiang
Friday	6:00–8:00 P.M.	Dancing: Salsa Dancing 댄싱: 살사 댄싱	Joslin Song
Saturday	1:00–3:00 P.M.	Cooking: Desserts 요리: 디저트	Raymond Reyes

Narration

Hi, I heard you'll be offering summer classes and I'm very interested in taking a class. I'm hoping you could give me some more information.

● 해석 안녕하세요. 여름 학기가 열릴 것이라 들어서 참석하고자 합니다. 정보를 좀 더 주셨으면 좋겠습니다.

Q7. Can you tell me on <u>what date</u> the summer classes <u>begin</u> and <u>end</u> and <u>how much</u> they <u>cost</u>?

Summer Sessions are from June 5th to August 26th and the fee is $200 per course.

여름 학기가 시작되는 날짜와 끝나는 날짜, 그리고 비용을 알려주시겠어요?

여름 학기는 6월 5일부터 8월 26일까지이고 비용은 강좌마다 200달러입니다.

Q8. I heard Raymond Reyes cooking class will be on <u>Wednesdays</u>, right?

I'm sorry, but you have the <u>wrong information</u>. It'll be held on <u>Saturdays from 1 to 3</u>.

Raymond Reyes 요리교실은 수요일이라고 들었는데, 맞나요?

죄송하지만 잘못 알고 계십니다. 그 수업은 토요일 1시부터 3시까지입니다.

Q9. I get off from my work at 5:30. So, can you give me <u>details</u> of the classes that I can take?

Sure, there are <u>two classes</u>.
First, Ballroom Dancing class is <u>on</u> Mondays <u>from</u> 6 to 8 P.M. <u>by</u> Ann Dodson.
And second, Salsa Dancing class is <u>on</u> Fridays <u>from</u> 6 to 8 P.M. <u>by</u> Joslin Song.

제가 퇴근을 5시 30분에 합니다. 제가 들을 수 있는 수업들에 대해서 자세히 알려주시겠어요?

물론입니다. 2개의 수업이 있습니다.
첫째, 월요일 6시부터 8시까지 Ann Dodson의 볼룸 댄스 수업이 있습니다.
그리고 둘째, 금요일 6시부터 8시까지 Joslin Song의 살사 댄싱 수업이 있습니다.

PART 4

Beta Corporation
Itinerary: James Hernandez

Monday, July 21	
9:00 P.M.	Depart from San Jose, Delina Airline Flight #209 San Jose 출발, Delina 항공, 항공편 209
10:20 P.M.	Arrive in San Diego (Hard Rock Hotel) San Diego 도착 (Hard Rock 호텔)

Tuesday, July 22	
11:00 A.M.	Tour of Neo Inc. Production Facility Neo사 생산 시설 견학
12:00 P.M.	Meeting: Kirk Johnson, CEO of Neo Inc. Neo사의 CEO Kirk Johnson과 회의
1:00 P.M.	Lunch Meeting: Kirk Johnson, Blue Moon Restaurant Kirk Johnson과 Blue Moon 식당에서 점심 약속

Wednesday, July 23	
10:00 A.M.	Brunch Interview with Amy Thompson, Journalist for *Business Today* Business Today 기자 Amy Thompson과 브런치 인터뷰
2:00 P.M.	Attend grand opening of Sherway Outlet Sherway 아울렛의 개점식 참석
6:00 P.M.	Depart for San Jose, Delina Airline Flight #830 San Jose로 출발, Delina 항공, 항공편 830

Narration

Hi, this is James Hernandez calling. I'm preparing for my business trip to San Diego and I wanted to check the details of my schedule.

> **해석** 안녕하세요, 전 James Hernandez입니다. 제가 San Diego로 출장을 준비 중인데 제 일정의 세부 사항을 좀 체크하고 싶습니다.

Q7. When will I arrive in San Diego and where will I stay?
You'll arrive in San Diego at 10:20 P.M. and you'll stay in Hard Rock Hotel.

제가 언제 San Diego에 도착하고 어디서 묵게 되나요?
당신은 San Diego에 밤 10시 20분에 도착하고 Hard Rock 호텔에서 묵을 겁니다.

Q8. I have a friend who's living in San Diego. I was hoping to have lunch with him on Tuesday and it won't be a problem, right?
I'm sorry, but you'll have a lunch meeting with Kirk Johnson at Blue Moon Restaurant at 1 P.M.

전 San Diego에 사는 친구가 있어요. 그 친구와 화요일에 점심을 함께 하고 싶은데 문제 없겠죠?
죄송하지만 Kirk Johnson 씨와 Blue Moon 식당에서 1시에 점심 약속이 있습니다.

Q9. Can you tell me all the details of my Wednesday schedule before I depart for San Jose?
Sure, there will be two schedules.
First, Brunch Interview with Amy Thompson, the journalist for *Business Today* will be at 10 A.M.
And second, you'll attend grand opening of Sherway Outlet at 2 P.M.

제가 San Jose로 출발하기 전 수요일의 모든 일정을 알려주시겠어요?
물론이죠. 2개의 일정이 있습니다.
첫째, Business Today의 기자인 Amy Thompson과 브런치 인터뷰가 10시에 있을 것입니다.
그리고 둘째, Sherway 아울렛의 개점식에 2시에 참석할 겁니다.

(After that, you'll depart for San Jose by Delina Airline Flight number 830.)

(*시간이 남으면 추가 정보도 제공할 수 있습니다. 예를 들어, 그 이후에 Delina 항공사의 830 항공편으로 San Jose로 출발합니다.)

4. 단체 일정 문제 p.108

New Discovery Travel's Vacation Package
Summer Getaway to Hawaii
Itinerary

Day 1 (August 7)	1 p.m.	Half-day orientation (Halekulani Hotel) 반나절 오리엔테이션 (Halekulani 호텔)
	7 p.m.	Night tour: Honolulu Night Market 야간 관광: 호놀룰루 야시장
Day 2 (August 8)	8 a.m.	Full-day tour: Big Island 종일 관광: Big Island
Day 3 (August 9)	6 p.m.	Concert: Waikiki beach 콘서트: 와이키키 해변
	8 p.m.	Night tour: Honolulu City Ghost Haunts Walking Tour 야간 관광: 호놀룰루 시내 괴담 도보 관광
Day 4 (August 10)	8 a.m.	Full-day trip: Maui 종일 관광: 마우이
Day 5 (August 11)	9 a.m.	Breakfast: Surf Lanai Restaurant 아침식사: Surf Lanai 식당
	3 p.m.	Depart 출발

Narration

Hi, this is Stacy Gabik. I heard about your summer getaway package tour to Hawaii and I want to know more about it.

> **해석** 안녕하세요, 저는 Stacy Gabik이라고 합니다. 귀사의 여름 휴가 하와이 패키지 관광에 대해서 들었는데 좀 더 알고 싶습니다.

Q7. On what date does the package tour start and when does it end?

It'll be held from August 7th to August 11th.

언제 패키지 관광이 시작되고 언제 끝나요?
8월 7일부터 8월 11일까지입니다.

Q8. I heard that you have a half-day trip to Big Island. Is there any way that I can travel to Big Island for a full-day?

Actually, a full-day tour of Big Island is scheduled on Day 2, August 8th from 8 a.m.

반나절 Big Island 관광이 있다고 들었습니다. Big Island를 종일 관광으로 여행할 수 있는 방법이 있을까요?
사실, Big Island의 종일 관광은 이틀째인 8월 8일에 오전 8시부터 예정되어져 있습니다.

Q9. I'm very interested in taking night tours. So, can you give me all the details about the night tours?

Sure, there are two night tours.
First, the night tour of Honolulu Night Market is on Day 1, August 7th from 7 p.m.
And second, the night tour of Honolulu City Ghost Haunts Walking tour is on Day 3, August 9th from 8 p.m.

전 야간 관광하는 것에 관심이 많아요. 야간 관광들에 대한 자세한 정보들을 모두 주시겠어요?
물론입니다. 2개의 야간 관광이 있습니다.
첫째, 호놀룰루 야시장 야간 관광이 첫 날인 8월 7일에 저녁 7시부터 있습니다.
그리고 둘째, 호놀룰루 시내 괴담 도보 야간 관광이 셋째날인 8월 9일 저녁 8시부터 있습니다.

Staple Center
New product line: NW4R Camera

April 5	Workshop: Prototype 1 워크숍: 원형 1
June 21	Focus Group Session 1: Customers' demands in the market 포커스 그룹 세션 1: 시장에서의 고객들의 요구 사항
July 20	Deadline for production line 생산 라인 기한
August 1	Discussion: Prototype 2 토론: 원형 2
September 17	Manufacturing begin 제조 시작
November 25-26	Focus Group Session 2: Releasing the product and marketing 포커스 그룹 세션 2: 제품 출시와 홍보
December 20	Product release 제품 출시

Narration

Hi, this is Kim. I heard that you just finished the timeline for our new NW4R Camera. Since I haven't received a copy yet, I am hoping you can tell me a little bit more about it.

● 해석 안녕하세요. 저는 Kim입니다. 우리의 새로운 NW4R 카메라의 출시 스케줄이 나왔다고 들었습니다. 제가 아직 사본을 받지 못해서 좀 더 알려주셨으면 합니다.

Q7. What date is the first schedule and what is it about?
Workshop on Prototype 1 is scheduled on April 5th.

첫 번째 스케줄 날짜는 언제이고 무엇에 관한 것인가요?
원형 1 워크숍은 4월 5일로 예정돼 있습니다.

Q8. Manufacturing will begin in June. Right?
I'm sorry, but you have the wrong information. Manufacturing will begin on September 17th.

제조는 6월에 시작되는 거 맞죠?
죄송하지만 잘못 알고 계십니다. 제조는 9월 17일에 시작할 것입니다.

Q9. Can you tell me all the details about focus group sessions?
Sure, there are two sessions.
First, Focus Group Session 1 on Customers' demands in market is on June 21st.
And second, Focus Group Session 2 on Releasing the product and marketing is from November 25th to 26th.

포커스 그룹 세션에 대한 것들을 모두 말해 줄래요?
물론입니다. 2개의 세션들이 있습니다.
첫째, 시장에서의 고객들의 요구 사항에 대한 포커스 그룹 세션 1은 6월 21일에 있습니다.
그리고 둘째, 제품 출시와 홍보에 대한 포커스 그룹 세션 2는 11월 25일부터 26일까지 있습니다.

Nightingale Jazz Bands
Concert schedule in Las Vegas
(June 20 – June 25)

Date 날짜	Location 장소	Ticket Information 티켓 정보
Wednesday, June 20	Bellagio Hotel (Bellagio Ballroom) Bellagio 호텔 (Bellagio 볼룸)	$80, All seats 전 좌석, 80달러
Thursday, June 21	~~Venetian (Sky Lounge)~~ Cancelled ~~Venetian (스카이 라운지)~~ 취소됨	$110, All seats 전 좌석, 110달러
Friday, June 22	Treasure Island (Garden Ballroom) Treasure Island (Garden 볼룸)	$120, All seats 전 좌석, 120달러
Saturday, June 23	Luxor (Function Centre) Luxor (Function 센터)	$110, All seats 전 좌석, 110달러
Sunday, June 24	Mirage (Banquet Hall) Mirage (연회홀)	$100, All seats 전 좌석, 100달러
Monday, June 25	Monte Carlo (Ballroom) Monte Carlo (볼룸)	$70, All seats 전 좌석, 70달러

Narration

Hello, this is Keith. I hope you can answer some questions for me about the schedule for the concerts in Las Vegas.

해석 안녕하세요, 전 Keith라고 합니다. 라스베가스에서 열리는 콘서트 스케줄에 대해서 좀 답해주시면 좋겠습니다.

Q7. When do the concerts begin and end?
They'll be held from June 20th to June 25th.

콘서트들은 언제 시작하고 끝나나요?
콘서트들은 6월 20일부터 6월 25일까지 열릴 것입니다.

Q8. I know that there is a concert in Venetian, but I don't have any details about it. Could you please tell me about it?
There was supposed to be a concert on Thursday, June 21st but it got cancelled.

Venetian에서 콘서트가 있는 것으로 알고 있지만 세부 사항은 모르겠네요. 좀 알려주시겠어요?
원래 콘서트가 6월 21일, 목요일에 예정돼 있었지만 취소되었습니다.

Q9. I have a very tight budget, so I can't afford to go to concerts that are over 100 dollars. Could you please give me all the detailed information about concerts that I can afford?
Sure, there are two concerts.
First, date is Wednesday, June 20th. Location is Bellagio Hotel's Bellagio Ballroom. Tickets are 80 dollars for all seats. And second, date is Monday, June 25th. Location is Monte Carlo's Ballroom. Tickets are 70 dollars for all seats.

전 예산이 부족해서 100달러가 넘는 콘서트에 참석할 여력이 안 됩니다. 제가 참석할 수 있는 콘서트들에 대한 자세한 정보를 주실 수 있을까요?
물론입니다. 2개의 콘서트가 있습니다.
첫째, 날짜는 6월 20일 수요일입니다. 장소는 Bellagio 호텔의 Bellagio 볼룸입니다. 티켓은 전 좌석 80달러입니다. 그리고 둘째, 날짜는 6월 25일 월요일입니다. 장소는 Monte Carlo의 볼룸입니다. 티켓은 전 좌석 70달러입니다.

Christopher Dougherty
153 Main Street, San Marino, CA, 92710
Telephone: (323) 362-4201
E-mail address: cdougherty@gmail.com

Desired Position 희망 직책	Financial Advisor 투자 자문
Education 학력	Occidental College, Master's Degree in Accounting, 2007 Occidental 칼리지, 회계학 석사, 2007년 Pomona College, Bachelor's Degree in Business Administration, 2000 Pomona 칼리지, 경영학 학사, 2000년
Work Experience 경력	Financial Advisor, Madison Graphics 2010−Present 투자 자문, 매디슨 그래픽사, 2010년 − 현재 Financial Consultant, Dynamic Corporation 2008−2010 재무 상담사, Dynamic 그룹, 2008년 − 2010년
Skills & Qualifications 능력 & 자격	Certified Financial Planner 공인 재무 기획사 Registered Investment Advisor 등록된 투자 자문 Fluent in Spanish and French 스페인어와 불어에 유창함
Reference 추천서	Available upon request 요청 시 제출 가능

Narration

> Hi, I'll be interviewing Christopher Dougherty soon, but I don't have his resume with me. I was hoping you could give me some information about him.

● 해석 안녕하세요, 저는 곧 Christopher Dougherty 씨의 면접을 볼 예정이지만 그의 이력서를 갖고 있지 않습니다. 그에 대한 정보를 좀 주셨으면 좋겠습니다.

Q7. What school did he get his master's degree from? And when did he receive it?

그는 어느 학교에서 석사를 받았습니까? 그리고 언제 받았습니까?

He got his master's degree in Accounting from Occidental College in 2007.

그는 회계학 석사 학위를 Occidental College에서 2007년에 받았습니다.

Q8. Many of our clients speak Spanish; will Mr. Dougherty be able to help our Spanish-speaking clients?

많은 고객분들이 스페인어를 구사합니다. Dougherty 씨가 스페인어를 구사하는 고객분들을 도울 수 있을까요?

Sure, he is fluent in Spanish and French.

물론입니다. 그는 스페인어와 불어에 유창합니다.

Q9. Can you tell me the details of Mr. Dougherty's employment history?

Dougherty 씨의 업무 경력에 대해서 자세히 이야기해 주시겠어요?

Sure, he is a financial advisor in Madison Graphics from 2010 to present.
And he was a financial consultant in Dynamic Corporation from 2008 to 2010.

물론입니다. 그는 2010년부터 현재까지 메디슨 그래픽사의 투자 자문입니다.
그리고 그는 2008년부터 2010년까지 Dynamic 그룹의 재무 상담사였습니다.

8. 면접 일정 문제 p.116

St. Joseph's Hospital
Schedule of Interviews
Friday, October 21
Conference Room A

Time	Applicant's name	Position
09:00 A.M.	David Lu	Systems analyst 시스템 분석가
09:30 A.M.	Osman Mohamed	Surgical technologist 수술 기술 전문가
10:00 A.M.	Anthony Medina	Data management specialist 자료 관리 전문가
10:30 A.M.	Emily Mori	Clinical staff leader 임상 스태프 리더
11:00 A.M.	Elizabeth Halpin	Surgery coordinator 수술 코디네이터
11:30 A.M.	Josh Ho	Surgical technologist 수술 기술 전문가

Narration

Hi, this is Andrea Lewis. I'm one of the interviewers for today's job interview but I don't have the timetable for interviews. So, I was hoping you could answer some questions for me.

해석 안녕하세요, 저는 Andrea Lewis입니다. 오늘 면접에 참여할 면접관 중 한 사람이지만 면접 일정표를 가지고 있지 않습니다. 그러므로 제 질문에 대답을 좀 해주셨으면 합니다.

Q7. **What is the first interview and when will it begin?**

David Lu's interview for system analyst is scheduled at 9 a.m.

첫 번째 면접은 무엇이고 언제 시작하나요?

David Lu의 시스템 분석가 면접이 오전 9시에 예정돼 있습니다.

Q8. **As far as I remember, there's an interview scheduled for the position of surgery coordinator after lunch, right?**

I'm sorry, but you have the wrong information. Elizabeth Halpin's interview is scheduled at 11 a.m.

수술 코디네이터 면접은 점심 이후로 예정돼 있는 것으로 기억하는데, 맞나요?

죄송하지만 잘못된 정보를 갖고 계십니다. Elizabeth Halpin의 면접은 오전 11시에 예정돼 있습니다.

Q9. **Can you give me all the details of the interviews for surgical technologist position?**

Sure, there are two interviews.
First, Osman Mohamed's interview is scheduled at 9:30 a.m.
And second, Josh Ho's interview is scheduled at 11:30 a.m.

수술 기술 전문가 면접에 대해서 자세히 알려주시겠어요?

물론이죠. 면접이 2개 있습니다.
첫째, Osman Mohamed의 면접이 오전 9시 30분에 예정돼 있습니다.
그리고 둘째, Josh Ho의 면접이 오전 11시 30분에 예정돼 있습니다.

Orange Community Center
Cooking Class Calendar
All classes $20: attendees must be 12 or older

Date	Class	Instructor
May 21	Introduction to desserts 디저트 입문	Zoey, Pastry Chef, Fine Desserts Zoey, 제빵사, Fine Desserts
June 26	Sweetened Whipped Cream Recipe 달달한 생크림 제조법	Carol, Assistant Pastry Chef, Heavenly Delite Carol, 부제빵사, Heavenly Delite
July 13	Selecting ingredients for pies 파이 재료 선택법	Ian, Produce manager, Ralph's Ian, 생산품 매니저, Ralph's
August 20	Cupcakes and frosting from scratch 기초부터 컵케이크와 프로스팅 만들기	Zoey, Pastry Chef, Fine Desserts Zoey, 제빵사, Fine Desserts
September 2	How to make low fat cakes 저지방 케이크 만들기	Tom, Pastry Chef, Heavenly Delite Tom, 제빵사, Heavenly Delite
October 12	Preparing beverages 음료 만들기	Frank, Barista, Heavenly Delite Frank, 바리스타, Heavenly Delite

Narration

Hi, my friend told me about cooking classes offered at the community center, but I don't remember all the details. I was hoping you can fill me in.

● 해석 안녕하세요. 제 친구가 문화회관에서 열리는 요리 수업에 대해서 말해주었지만 제가 자세한 사항은 기억이 안 나서요. 좀 알려주셨으면 합니다.

Q7. Are there any classes that I can learn how to make good coffee?

Sure, on October 12th, preparing beverages class is scheduled. The instructor is Frank, the barista from Heavenly Delite.

맛있는 커피 만드는 방법을 배울 수 있는 수업이 있을까요?

물론입니다. 10월 12일에 음료 만들기 수업이 예정되어 있습니다. 강사는 Heavenly Delite의 바리스타 Frank입니다.

Q8. I have a daughter who is 10 years old. Can she attend the class?

I'm sorry, but attendees must be 12 or older.

저에겐 10살된 딸아이가 있습니다. 그 아이도 수업을 들을 수 있을까요?

죄송하지만 참가자들은 12살 이상이어야 합니다.

Q9. I know my friend Zoey is teaching some classes. Can you tell me the details of my friend Zoey's classes?

Sure, there are two classes.
First, introduction to desserts class is scheduled on May 21st.
And second, cupcakes and frosting from scratch class is scheduled on August 20th.

제 친구 Zoey가 수업을 한다고 알고 있는데요. 제 친구 수업들에 대해 더 자세히 알려주시겠어요?

물론입니다. 수업 2개가 있습니다.
첫째, 디저트 입문 수업이 5월 21일에 예정되어져 있습니다. 그리고 둘째, 기초부터 컵케이크와 프로스팅 만들기 수업이 8월 20일에 예정되어져 있습니다.

7th Agriculture and Technology Conference
November 5th
Sunny Hill Hotel
Fee: $70 in advance, $100 at the door
비용: 사전예약 시 70달러, 현장구매 시 100달러

Schedule

8:30 a.m. - 9:00 a.m.	Registration (pastry, coffee available) 등록 (제빵류와 커피 제공)
9:00 a.m. - 10:00 a.m.	Changes in agricultural technology 농업 기술의 변화들
10:00 a.m. - Noon	Introducing new technology (informational video) 새로운 기술 소개 (정보 비디오)
Noon - 2:00 p.m.	New products in market: Current Options 시장의 새로운 제품들: 현재의 옵션들
2:00 p.m. - 3:00 p.m.	Catered lunch (vegetarian options available) 캐터링 런치 (채식주의자 옵션들 있음)
3:00 p.m. - 4:00 p.m.	New technological ways for protecting crops 곡류를 보호할 새로운 기술적인 방법들
4:00 p.m. - 5:00 p.m.	Question and Answer Sessions 질의응답 시간

Narration

Hi, I'm very interested in attending Agriculture and Technology Conference but I don't have information about it. So, I was hoping to get some information.

● **해석** 안녕하세요, 저는 농업 기술 컨퍼런스 참석에 매우 관심이 있지만 정보가 없어서요. 정보를 좀 얻었으면 좋겠습니다.

Q7. Where will the conference be held and when will it begin?
It'll be held at Sunny Hill Hotel. It'll begin at 9 a.m. after the registration from 8:30 to 9 a.m.

어디서 컨퍼런스가 열리고 언제 시작하나요?
그것은 Sunny Hill 호텔에서 열릴 겁니다. 그리고 오전 8시 30분부터 9시까지의 등록 이후에 9시에 시작됩니다.

Q8. I heard that the cost is 70 dollars, right?
Actually, the fee is 70 dollars in advance but 100 dollars at the door.

비용은 70달러라고 들었는데 맞나요?
사실, 비용은 사전 예약하면 70달러이지만 현장구매하면 100달러입니다.

Q9. I'm very interested in learning new technology in agriculture. Can you tell me detailed information that I can learn about the technology?
Sure, there are three sessions.
First, there is a session about Changes in agricultural technology from 9 a.m. to 10 a.m.
Second, there is a session about Introducing new technology, which is an informational video from 10 a.m. to noon.
And lastly, there is a session about New technological ways for protecting crops from 3 to 4 p.m.

저는 새로운 농업 기술을 배우는 것에 매우 관심이 있습니다. 제가 그 기술에 대해 알 수 있는 자세한 정보를 말해 주시겠어요?
물론이죠, 3개 세션들이 있습니다.
첫째, 오전 9시부터 10시까지 농업 기술의 변화들에 대한 세션이 있습니다.
둘째, 오전 10시부터 정오까지 정보 비디오 세션인 새로운 기술 소개 세션이 있습니다.
그리고 마지막으로 오후 3시부터 4시까지 곡류를 보호할 새로운 기술적인 방법들에 대한 세션이 있습니다.

1. 물품 부족 문제 p.132   P5_04 

Hello, this is Miriam. Since you're my manager, I need your help. As you know, I'm going to give a presentation to our clients tomorrow afternoon and I've been planning to use a projector for my presentation. However, I just found out that the old projector is out of order so our technical support team is planning to replace it to a new one. The problem is that I was informed that they bought the new projector but it won't be installed until next week. So now, I can't provide visual aid to our clients and it will leave bad impression to our clients. Since it's too late to reschedule the meeting, I really need your advice on what to do. Since my presentation is tomorrow, I really need your help soon. Please call me back as soon as possible. Again, it's Miriam.

● 해석 안녕하세요, 저는 Miriam입니다. 당신이 제 매니저이시니 당신의 도움이 필요해요. 아시다시피 전 내일 오후에 우리 고객들에게 발표를 할 예정이고 전 발표할 때 프로젝터를 쓰려고 계획하고 있었어요. 하지만 전에 쓰던 프로젝터가 고장이 나서 우리의 기술팀이 프로젝터를 새 것으로 교체하려고 한다는 걸 지금 막 알게 됐습니다. 문제는 그들이 새 프로젝터를 샀지만 그 프로젝터는 다음 주까지 설치가 안 될 예정이라고 합니다. 그래서 전 고객들에게 시각적인 정보를 제공하지 못 할 것 같아요. 그리고 그건 나쁜 인상을 남길 수 있습니다. 회의를 다시 잡기엔 너무 늦었기 때문에 어떻게 하면 좋을지 조언이 필요합니다. 제 프레젠테이션이 내일이므로 곧 조언이 필요해요. 가능한 한 빨리 다시 연락주세요. 전 Miriam입니다.

● 어휘 give a presentation 발표하다   out of order 고장이 난   replace 교체하다   visual aid 시각 보조   reschedule 일정을 변경하다

핵심 키워드: projector

문제점 요약

You want to use a projector for your presentation.
But our projector is out of order.
It'll be replaced next week.
However, you really need a projector.

● 해석 당신은 프레젠테이션 때 프로젝터를 쓰고 싶어요.
그런데 우리 프로젝터가 고장 났어요.
다음 주에 교체될 거예요.
그런데 당신은 정말 프로젝터가 필요해요.

답변 완성하기   P5_05 

Hi, this is (이름), the manager, calling about the projector problem. I understand that you're having a problem because you want to use a projector for your presentation, but our projector is out of order. It'll be replaced next week. However, you really need a projector. And, you don't know how to handle the problem.
So you need my help with the projector problem, right?
First of all, I'm sorry to hear that you're in trouble.
But, please don't worry because I have a good suggestion to make.
I think we should rent a portable projector for tomorrow's meeting.

● 해석 안녕하세요, 저는 매니저 (이름)으로, 프로젝터 문제 때문에 전화했습니다.
당신은 프레젠테이션 때 프로젝터를 쓰고 싶지만 우리 프로젝터가 고장 나서 문제가 있다고 들었어요. 그것은 다음 주에 교체될 거예요. 그런데 당신은 정말로 프로젝터가 필요해요.
그리고 어떻게 해결해야 하는지 몰라요.
그래서 프로젝터 문제에 대해서 제 도움이 필요하신 거죠?
먼저, 당신에게 문제가 있다는 말을 들어서 유감입니다.
하지만 제가 좋은 해결책을 제안할 수 있으므로 걱정하지 마세요.
우리는 내일 회의에 사용할 휴대용 프로젝터를 빌려야 한다고 생각합니다.

If you don't like this suggestion, why don't you use my projector? I have a portable projector at home. I could bring it in.

I hope you are satisfied with this suggestion.
Have a good day. Bye!

만약 이 제안이 마음에 들지 않으시면 제 프로젝터를 쓰는 건 어떨까요? 저의 집에 휴대용 프로젝터가 있거든요. 그걸 갖고 올 수 있습니다.

이 해결책이 마음에 들었으면 좋겠습니다.
좋은 하루 보내세요. 안녕히 계세요!

2. 배송 오류 문제 p.134

P5_06

Hello, this is Evalynn, the manager here at ABC furniture store. Since you're the owner, I'm calling about a problem that I need your help with. As you know, our special sale for bookshelves starts today. The bookshelves come in a box so our customers can assemble them at home. So, I tried to assemble a sample bookshelf this morning and I found a big problem. The box contained the wrong screws, so I couldn't put the bookshelf together. I've checked other boxes and all the boxes have the same problem. I've contacted the factory and they're going to send replacements, but we won't get them until next week. We've been advertising our sale heavily, so we don't want to let our customers down. So what can we do with the customers who come in for the sale before we get replacements? Since our store opens soon, please call me as soon as possible. Again, it's Evalynn.

해석 안녕하세요, 전 ABC 가구점의 매니저인 Evalynn입니다. 당신이 가게 주인이시니 제가 가진 문제에 대해 당신의 도움이 필요해서 전화했습니다. 알다시피, 특별히 준비한 책장 세일이 오늘부터 시작됩니다. 책장들은 박스로 와서 손님들이 집에서 조립할 수 있습니다. 그래서 제가 아침에 샘플 책장을 조립해 보려고 하다가 큰 문제를 발견했습니다. 그 박스에는 잘못된 나사들이 들어 있어서 책장을 조립할 수 없었어요. 그래서 다른 박스들도 체크해 보니 모두 같은 문제들을 갖고 있었습니다. 공장에 연락했더니 그들은 대체품들을 보내준다고 했지만 다음 주까진 받을 수 없습니다. 이 세일을 위해서 광고를 많이 했기 때문에 손님들을 실망시키고 싶지 않습니다. 대체품들이 오기 전에 손님들에게 뭘 해드릴 수 있을까요? 곧 가게 문을 열어야 하므로 가능한 한 빨리 연락 부탁드립니다. 다시 한 번, 전 Evalynn입니다.

어휘 assemble 조립하다 contain 포함하다 screw 나사 let (someone) down 누군가를 실망시키다 replacement 대체품

핵심 키워드: bookshelf / sale
문제점 요약
Our special sale starts today.
You tried to assemble a sample bookshelf but you couldn't.
All the boxes have wrong screws.
You will not get screws until next week.

해석 우리의 특별 세일이 오늘 시작해요.
당신은 샘플 책장을 조립하려고 했지만 할 수 없었어요.
박스에 잘못된 나사들이 들어 있어요.
당신은 다음 주까지 나사를 받지 못할 거예요.

답변 완성하기   P5_07

Hi, this is (이름), the owner, calling about the bookshelf problem. I understand that you're having a problem because our special sale starts today, and you tried to assemble a sample bookshelf but you couldn't.
All the boxes have wrong screws.
You will not get screws until next week. And, you don't know how to handle the problem.
So you need my help with the bookshelf problem, right?
First of all, I'm sorry to hear that you're in trouble.

해석 안녕하세요, 저는 가게 주인 (이름)으로, 책장 문제 때문에 전화했습니다.
우리의 특별 세일이 오늘 시작해서 샘플 책장을 조립하려고 했지만 할 수 없어서 문제가 있다고 들었어요. 박스에 잘못된 나사들이 들어 있어요. 다음 주까지 나사를 받지 못할 거예요.
그리고 당신은 어떻게 해결해야 하는지 몰라요.
그래서 책장 문제에 대해서 제 도움이 필요하신 거죠?
먼저, 당신에게 문제가 있다는 말을 들어서 유감입니다.

But, please don't worry because I have a good suggestion to make.
I think you should <u>offer a free delivery service and a 10 percent discount for customers who want to buy the bookshelf until you get the replacements</u>. Also, you should offer sincere apology.

> **LEVEL 6 굳히기**
>
> If you don't like this suggestion, why don't we take a reservation first? We should also provide small gifts for our customers to show our appreciation to our loyal customers.

I hope you are satisfied with this suggestion.
Have a good day. Bye!

하지만 제가 좋은 해결책을 제안할 수 있으므로 걱정하지 마세요.
당신에게 대체품이 올 때까지 책장 구입을 희망하시는 고객들께 무료 배송 서비스와 10퍼센트 할인을 제공해야 합니다. 또한 당신은 진심 어린 사과를 해야 합니다.

만약 이 제안이 마음에 들지 않는다면 예약을 먼저 받는 건 어떨까요? 또한 우리 고객들께 감사를 표하는 의미로 작은 선물을 제공해야 합니다.

이 해결책이 마음에 들었으면 좋겠습니다.
좋은 하루 보내세요. 안녕히 계세요!

3. 리모델링 문제 문제 p.136   P5_08

Hello, it's Marian, the owner of Bristol Office Supplies. Since you're the store manager, I need to discuss a potential issue regarding <u>our store's upcoming renovations</u>. As you know, <u>we'll be keeping our store open</u> while replacing shelves and lightings. However, we're worried that our customers may <u>experience difficulty locating what they are looking for</u> in our store during the renovation. Although we've thought about <u>putting up a sign</u>, we're afraid that <u>our customers might miss them</u>. We want to make sure that our customers have pleasant shopping experience. Please call me back with some ideas that will be helpful for our customers to find what they're looking for during our renovation. Again, it's Marian.

> **해석** 안녕하세요, 저는 Bristol Office Supplies의 가게 주인 Marian이에요. 당신이 가게 매니저니까 곧 다가올 가게 리모델링 문제로 야기될 이슈로 당신과 토론하고 싶어요. 알다시피, 우리 가게의 선반들과 조명들을 바꿀 거예요. 그 사이 가게를 열 계획이구요. 하지만 우리 고객들이 리모델링 동안에 원하는 물건을 찾을 때 어려움을 겪을까 걱정이 됩니다. 가게에 표지판을 설치할까 생각해 봤지만 손님들이 못 볼까 봐 걱정이 됩니다. 우린 고객들께 쾌적한 쇼핑을 할 수 있게 해주고 싶어요. 우리 고객들에게 리모델링 동안 도움이 될 수 있는 방법들에 대한 아이디어를 전화로 알려주세요. 전 Marian입니다.

> **어휘** potential 잠재적인   renovation 리모델링   replace 교체하다   experience difficulty 어려움을 겪다
> locate / look for ~을 찾다   put up 걸다   miss 놓치다

핵심 키워드: renovation

문제점 요약

We'll renovate our store soon.
But, we'll keep our store open during the renovation.
So, our customers may have trouble finding things.
Even if we put some signs, our customers might miss them.
However, we want to satisfy our customers.

> **해석** 곧 가게를 리모델링 할 거예요.
> 그런데, 리모델링 하는 동안 가게를 열 거예요.
> 그래서 고객들이 물건을 못 찾을까 걱정됩니다.
> 표지판을 설치한다 해도 고객들이 못 볼것 같아요.
> 하지만 고객들을 만족시키고 싶어요.

답변 완성하기   P5_09 

Hi, this is (이름), the store manager, calling about the <u>renovation</u> problem.
I understand that we're having a problem since <u>we'll renovate our store soon. But, we'll keep our store open during the renovation</u>.

> **해석** 안녕하세요, 저는 가게 매니저 (이름)으로, 리모델링 문제 때문에 전화했습니다.
> 문제가 있다고 들었어요. 우리는 곧 가게를 리모델링 할 거예요. 그런데, 리모델링 하는 동안 가게를 열 거예요.

So, our customers may have trouble finding things. Even if we put some signs, our customers might miss them. However, we want to satisfy our customers.
But, you don't know how to handle the problem.
So you need my help with renovation problem, right?
First of all, I'm sorry to hear that we're in trouble.
But, please don't worry because I have a good suggestion to make.
I think we should give away flyers for their shopping and put some signs at the entrance. So, people will know where to find things.

LEVEL 6 굳히기

If you don't like this suggestion, why don't we set up some computers in the store? We can install some computers so our customers can look for products they're looking for at their convenience.

I hope you are satisfied with this suggestion.
Have a good day. Bye!

그래서 고객들이 물건을 못 찾을 수 있습니다. 설사 표지판을 설치한다해도 고객들이 못 볼것 같아요. 하지만 고객들을 만족시키고 싶어요.
그러나 어떻게 해결해야 하는지 몰라요. 그래서 리모델링 문제에 대해서 제 도움이 필요하신 거죠?
먼저, 우리에게 문제가 있단 말을 들어서 유감입니다.
하지만 제가 좋은 해결책을 제안할 수 있으므로 걱정하지 마세요.
제 생각엔 쇼핑에 필요한 전단지를 배포하고 입구에 표지판을 설치해야 합니다. 그러면 사람들이 물건을 어디에서 찾아야 하는지 알 것입니다.

만약 이 제안이 마음에 들지 않는다면 매장에 컴퓨터를 설치하는건 어떨까요? 컴퓨터를 설치하면 우리 고객들이 찾는 제품을 편리한 때에 찾을 수 있어요.

이 해결책이 마음에 들었으면 좋겠습니다.
좋은 하루 보내세요. 안녕히 계세요!

4. 주차 공간 문제 문제 p.138

P5_10

Hello, it's Fred, the senior manager of Max Accounting Firm. Since you're my assistant, I need your idea. You see, our parking lot is under renovation so we can't use most of our parking lot. However, there's no public parking area we can use. So, we've made an agreement with a nearby high school to use their parking spaces since the school is on vacation. However, the school closes at 7 p.m. and some of our employees have to work overtime to meet deadlines for important projects. We have to make sure all the employees to move their cars from the school parking lot before school closes and still get the job done. So, please call me back with your plan as soon as possible. Again, it's Fred.

해석 안녕하세요, 저는 Max 회계사무소의 선임 매니저인 Fred입니다. 제 조수인 당신의 아이디어가 필요합니다. 알다시피, 우리 주차장은 리모델링 중이라서 대부분의 주차 공간을 쓸 수 없어요. 하지만 우리가 쓸 수 있는 공공 주차장도 없죠. 그래서 근처에 있는 고등학교와 주차장을 쓸 수 있도록 협약을 맺었어요. 고등학교가 방학 중이니까요. 하지만 그 학교는 7시에 문을 닫는데 우리 직원들은 중요한 프로젝트들의 마감일을 맞춰야 해서 초과근무를 해야 해요. 우리는 모든 직원들이 학교가 문 닫기 전에 차를 이동시키도록 해야 하지만 일도 끝내야 합니다. 그래서 당신의 계획을 가능한 한 빨리 전화로 알려주세요. 저는 Fred입니다.

어휘 parking lot 주차장 public parking area 공공 주차장 agreement 협정 work overtime 초과근무하다

핵심 키워드: parking lot
문제점 요약
Our parking lot is under renovation.
So our employees park their cars at nearby high school.
They have to move their cars before school closes.
However, our employees often work overtime.

해석 주차장이 리모델링 중입니다.
그래서 우리 직원들은 근처 고등학교에 주차합니다.
학교가 문 닫기 전에 차를 이동시켜야 합니다.
그런데 우리 직원들은 종종 야근합니다.

Hi, this is (이름), your assistant, calling about the parking lot problem.
I understand that you're having a problem since our parking lot is under renovation. So our employees park their cars at nearby high school. They have to move their cars before school closes. However, our employees often work overtime. And, you don't know how to handle the problem. So you need my help with the parking lot problem, right?
First of all, I'm sorry to hear that you're in trouble.
But, please don't worry because I have a good suggestion to make.
I think we should ask our employees to park their cars in our parking lot if they have to work overtime.

> **LEVEL 6 굳히기**
>
> If you don't like this suggestion, why don't we ask our employees to use public transportation? We can reimburse our public transportation fare for our employees.

I hope you are satisfied with this suggestion.
Have a good day. Bye!

해석 안녕하세요, 저는 당신의 조수인 (이름)으로, 주차장 문제 때문에 전화했습니다.
우리의 주차장이 리모델링 중이라서 문제가 있다고 들었습니다. 그래서 우리 직원들은 근처 고등학교에 주차합니다. 학교가 문 닫기 전에 차를 이동시켜야 합니다. 그런데 우리 직원들은 종종 야근합니다.
그리고 어떻게 해결해야 하는지 몰라서 주차장 문제에 대해 제 도움이 필요하신 거죠?
먼저, 당신에게 문제가 있다는 말을 들어서 유감입니다.
하지만 제가 좋은 해결책을 제안할 수 있으므로 걱정하지 마세요.
제 생각엔 직원들에게 야근해야 한다면 차를 우리 주차장에 주차하도록 부탁해야 합니다.

만약 이 제안이 마음에 들지 않는다면 우리 직원들에게 대중교통을 이용해달라고 부탁하는 건 어떨까요? 우리 직원들을 위해 대중교통 비용을 환급해줄 수 있습니다.

이 해결책이 마음에 들었으면 좋겠습니다.
좋은 하루 보내세요. 안녕히 계세요!

---

5. 고객 유치   문제 p.140   P5_12 

Man: We have one more topic to discuss at today's meeting. Since you're all branch managers, I need your help. Our company always carried popular musical instruments such as pianos, violins and flutes. But, recently, we've started to carry exotic instruments from different countries. The problem is that people don't know about these instruments so they don't buy them.

Woman: Wow, that's a big problem. But, those instruments are excellent quality and they have beautiful sounds. We only need to let people know about the instrument, right?

Man: Exactly! So, I need your ideas on how we can familiarize those exotic instruments to people. Please call me after the meeting with your ideas.

해석
남자: 오늘 회의에서 토론할 주제가 한 가지 더 있습니다. 여러분들 모두 지점장들이니까, 도움이 필요해요. 우리 회사는 늘 인기 있는 피아노, 바이올린, 플룻 같은 악기들을 취급했어요. 그런데 최근엔 다른 나라들에서 온 이국적인 악기들도 취급하기 시작했죠. 문제는 사람들이 이 악기들에 대해 잘 몰라서 구매를 안 한다는 것입니다.
여자: 와, 문제가 크네요. 하지만 이 악기들은 품질도 뛰어나고 아름다운 소리들을 가졌죠. 우리는 사람들이 이 악기들에 대해서만 알게 해주면 되는 거 아닌가요?
남자: 바로 그거예요! 그래서 이 이국적인 악기들을 사람들에게 익숙하게 만들기 위한 여러분의 아이디어가 필요해요. 이 회의가 끝난 후에 아이디어들을 전화로 알려주세요.

어휘 branch manager 지점장   carry 취급하다   musical instrument 악기   exotic 이국적인
let (someone) know (누군가에게) 알리다   familiarize 익숙하게 하다

핵심 키워드: exotic instruments
문제점 요약
We carried popular musical instruments.
But, we recently started to carry exotic instruments.

해석 우리는 인기 있는 악기들을 취급했어요.
그런데 최근에 이국적인 악기를 취급하기 시작했어요.

People don't know about these instruments, so they don't buy them.
We want to let people know about these instruments.

답변 완성하기  P5_13

Hi, this is (이름), the branch manager, calling about the <u>exotic instruments' problem</u>.
I understand that we're having a problem since <u>we carried popular musical instruments</u>.
But, we recently started to carry exotic instruments. People don't know about these instruments, so they don't buy them. We want to let people know about these instruments.
But, you don't know how to handle the problem.
So you need my help with the <u>exotic instrument</u> problem, right?
First of all, I'm sorry to hear that we're in trouble.
But, please don't worry because I have a good suggestion to make.
I think we should <u>make a video of those instruments</u> and <u>put it on social networking websites</u> so people can learn the sound and how to play them. <u>Since words on the Internet spread like wildfire, it'll work for sure</u>.

> **LEVEL 6 굳히기**
>
> If you don't like this suggestion, why don't we offer free lessons for our customers who purchase the instruments?

I hope you are satisfied with this suggestion.
Have a good day. Bye!

6. 피드백 받기 문제 p.142  P5_14

Hello, it's Melissa, the general manager of Hi-Life Burger. Since you're the assistant manager, I need your ideas on <u>getting feedback</u> from our customers. The owner wants to <u>expand our menu</u> so we can <u>increase sales</u>. But, we're not sure <u>what kinds of menu people want to see</u> in our store. So, we want to <u>gather ideas from our customers</u>. Although we've <u>already conducted a survey</u> to our customers at our store, <u>not many people answered them</u>. And even when <u>they did</u>, some of them didn't take it seriously. However, we <u>really need people's ideas</u> so we can <u>make a new menu successfully</u>. So, please call me back with your plan. Again, this is Melissa.

● 해석 사람들이 악기들에 대해 잘 몰라서 사지 않아요.
사람들에게 이 악기들에 대해 알리고 싶어요.

● 해석 안녕하세요, 저는 지점장 (이름)으로, 이국적인 악기 문제 때문에 전화했습니다.
우린 인기 있는 악기들을 취급하면서 문제가 있다고 들었습니다. 그런데 최근에 이국적인 악기를 취급하기 시작했어요. 사람들은 악기들에 대해 잘 몰라서 사지 않아요. 사람들에게 이 악기들에 대해 알리고 싶지만 어떻게 해결해야 하는지 몰라요. 그래서 이국적인 악기 문제에 대해서 제 도움이 필요하신 거죠? 먼저, 우리에게 문제가 있다는 말을 들어서 유감입니다.
하지만 제가 좋은 해결책을 제안할 수 있으므로 걱정하지 마세요.

제 생각엔 사람들이 이 악기들의 소리와 연주법에 대해서 알 수 있도록 비디오를 만들어서 소셜 네트워킹 웹사이트에 올려야 해요. 인터넷상에서 말은 빨리 퍼지니까 효과 있을 거예요.

만약 이 제안이 마음에 들지 않는다면 악기를 구매하는 고객들에게 무료 레슨들을 제공하는 건 어떨까요?

이 해결책이 마음에 들었으면 좋겠습니다.
좋은 하루 보내세요. 안녕히 계세요!

● 해석 안녕하세요, 전 Hi-Life 버거의 총괄 매니저인 Melissa입니다. 당신이 부매니저이니까 고객들한테 피드백을 받는 문제에 대해서 당신의 아이디어가 필요합니다. 가게의 주인이 메뉴를 추가해서 수익을 더 늘리고 싶어합니다. 하지만 어떤 메뉴를 사람들이 원하는지 잘 모르겠어요. 그래서 우리 손님들의 아이디어를 모으고 싶어요. 하지만 이미 가게에서 손님들한테 설문조사를 해봤지만 아주 약간의 고객들만 대답을 했어요. 그리고 했다 하더라도 몇몇은 대충 대답을 했습니다. 하지만, 성공적인 새로운 메뉴를 만들기 위해 정말 사람들의 아이디어가 필요합니다. 그러니 당신의 계획을 전화로 알려주세요. 저는 Melissa입니다.

● 어휘 expand 확장하다   increase sales 판매를 늘리다   conduct a survey 설문조사를 하다

문제점 요약

We want to add new menu.
But, we don't know what kinds of menu people want.
So, we want to get feedback from our customers.
We conducted a survey in our store, but it didn't work.

●해석 새 메뉴를 추가하고 싶어요.
그런데 손님들이 어떤 메뉴를 원하는지 모르겠어요.
그래서 손님들한테 피드백을 받고 싶어요.
가게에서 설문조사 했었지만 잘 안됐어요.

답변 완성하기　　　　　　　　　　　　P5_15 

Hi, this is (이름), the assistant manager, calling about the feedback problem.
I understand that we're having a problem since we want to add new menu.
But, we don't know what kinds of menu people want.
So, we want to get feedback from our customers.
We conducted a survey in our store, but it didn't work.
But, you don't know how to handle the problem.
So you need my help with the feedback problem, right?
First of all, I'm sorry to hear that we're in trouble.
But, please don't worry because I have a good suggestion to make.
I think we should provide small gifts for our participants.
Then, more people will be interested in our survey.

●해석 안녕하세요, 저는 부매니저 (이름)으로, 피드백 문제 때문에 전화했습니다.
우리는 새 메뉴를 추가하고 싶은데 문제가 있다고 들었습니다.
그런데 손님들이 어떤 메뉴를 원하는지 몰라요. 그래서 손님들한테 피드백을 받고 싶어요. 가게에서 설문조사 했었지만 잘 안 되었어요.
그런데 어떻게 해결해야 하는지 몰라요. 그래서 피드백 문제에 대해서 제 도움이 필요하신 거죠?
먼저, 우리에게 문제가 있다는 말을 들어서 유감입니다.
하지만 제가 좋은 해결책을 제안할 수 있으므로 걱정하지 마세요.
제 생각엔 참가자들에게 조그마한 선물을 제공해야 해요. 그러면 더 많은 사람들이 우리의 설문조사에 관심을 가질 거예요.

> **LEVEL 6 굳히기**
>
> If you don't like this suggestion, why don't we hold promotion events on social networking websites? Since words on the Internet spread like wildfire, it'll work for sure.

만약 이 제안이 마음에 들지 않는다면 소셜 네트워킹 웹사이트에서 홍보 이벤트를 개최하는 건 어떨까요? 인터넷상에선 말이 빨리 퍼지니까 반드시 효과가 있을 겁니다.

I hope you are satisfied with this suggestion.
Have a good day. Bye!

이 해결책이 마음에 들었으면 좋겠습니다.
좋은 하루 보내세요. 안녕히 계세요!

7. 직원 교육 (1) 문제 p.144　　　　　　　　　　　　P5_16 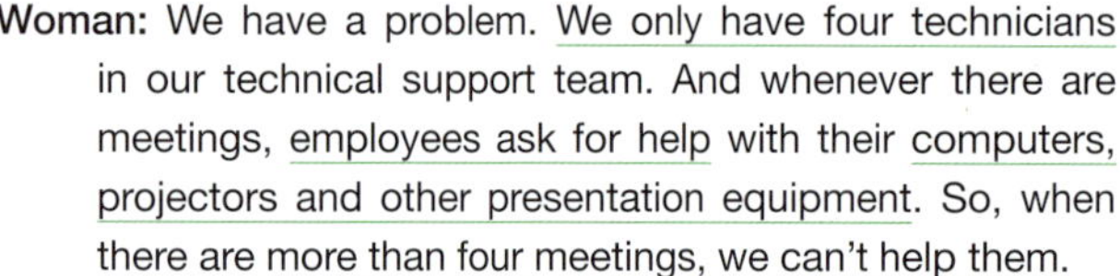

Woman: We have a problem. We only have four technicians in our technical support team. And whenever there are meetings, employees ask for help with their computers, projectors and other presentation equipment. So, when there are more than four meetings, we can't help them.

Man: That's a big problem. If our employees don't get help, they can run into problems during their presentations to our clients. And it might leave a bad impression to our clients.

Woman: Exactly! Since we cannot afford to hire more technicians, we have to do something to manage all the meetings with only four technicians. So I need all of your ideas. Please call me with your ideas after this meeting.

●해석
여자: 우리 문제가 있어요. 우리 기술지원팀엔 기술자들이 4명 밖에 없어요. 그리고 회의들이 있을 때마다 직원들은 컴퓨터, 프로젝터, 그리고 그 외의 프레젠테이션 도구들에 대해 우리 직원들의 도움을 필요로 합니다. 그래서 4개 이상의 회의가 잡혀 있을 땐 그들을 도울 수 없어요.
남자: 그건 큰 문제군요. 만약 우리 직원들이 도움을 못 받으면 고객들에게 프레젠테이션을 하는 동안 문제에 직면할 수 있어요. 그리고 그건 고객들에게 나쁜 인상을 남기겠죠.
여자: 맞아요. 우리가 더 많은 기술자들을 채용할 여력이 안되니까 뭔가를 해서 4명의 기술자들로 모든 회의들을 관리해야 해요. 그래서 여러분들 모두의 아이디어가 필요합니다. 회의 후에 여러분들의 아이디어를 전화로 알려 주세요.

●어휘 technician 기술자　technical support team 기술지원팀　run into problems 곤경을 겪다

핵심 키워드: technicians

문제점 요약

We only have four technicians.
But, our employees need help when they have a meeting.
When there are more than four meetings, they can't get help.
But we cannot hire more technicians.

답변 완성하기   P5_17

Hi, this is (이름), the manager, calling about the technicians' problem.
I understand that we're having a problem because we only have four technicians.
But, our employees need help when they have a meeting. When there are more than four meetings, they can't get help.
But we cannot hire more technicians.
But, we don't know how to handle the problem.
So you need my help with the technicians' problem, right?
First of all, I'm sorry to hear that we're in trouble.
But, please don't worry because I have a good suggestion to make.
I think we should hold training sessions for our employees. So, they can learn how to prepare for meetings.

> **LEVEL 6 굴히기**
>
> If you don't like this suggestion, why don't we make a training video and put it on our website? Then, our employees can watch it at their convenience.

I hope you are satisfied with this suggestion.
Have a good day. Bye!

해석 우리에게는 기술자들이 4명밖에 없어요.
그러나 회의를 할 때 우리 직원들은 우리 기술자들의 도움을 필요로 해요.
4개 이상의 회의가 있을 때엔 도움을 못 받아요.
하지만 더 이상의 기술자들을 채용할 수 없어요.

해석 안녕하세요, 저는 매니저 (이름)으로, 기술자들 문제 때문에 전화했습니다.
우리에게 4명의 기술자들 밖에 없어서 문제가 있다고 들었습니다. 회의를 할 때 우리 직원들은 우리 기술자들의 도움을 필요로 해요. 4개 이상의 회의가 있을 때엔 도움을 못 받아요. 더 이상의 기술자들을 채용할 수 없고 우리가 어떻게 해결해야 하는지 몰라요. 그래서 기술자들 문제에 대해서 제 도움이 필요하신 거죠?
먼저, 우리에게 문제가 있다는 말을 들어서 유감입니다.
하지만 제가 좋은 해결책을 제안할 수 있으므로 걱정하지 마세요.
제 생각엔 우리 직원들에게 교육 과정을 열어줘야 해요. 그러면 직원들이 회의를 어떻게 준비해야 하는지 배울 거예요.

만약 이 제안이 마음에 들지 않는다면 교육 비디오를 만들어서 우리 웹사이트에 올리는 건 어떨까요? 그러면 우리 직원들이 편리한 때에 볼 수 있을 거예요.

이 해결책이 마음에 들었으면 좋겠습니다.
좋은 하루 보내세요. 안녕히 계세요!

8. 직원 교육 (2) 문제 p.146   P5_18

Hello, it's Tina from sales department here at Lamarcia Coffee Company. Since you're the head of human resources, I'd like your help with our new employees' problem. As you know, we recently hired new employees. And our new employees have excellent communication skills and general knowledge about coffee. The problem is that some of our customers complained that they had to wait for a long time to get answers they wanted because our employees didn't have in-depth knowledge in our products. However, we've already provided trainings to the new employees. What can we do to help our employees, so that we can provide better help for our customers? Please call me back with a training plan to help our employees. Again, it's Tina.

해석 안녕하세요, 전 Lamarcia Coffee 회사 영업팀의 Tina입니다. 우리 새 직원들 문제 때문에 인사팀장인 당신의 도움이 필요합니다. 알다시피 우린 최근에 새 직원들을 채용했어요. 그리고 우리의 새로운 직원들은 커뮤니케이션 능력들이 뛰어나고 커피에 대한 지식도 좋아요. 문제는 몇몇 고객님들이 질문에 대한 답을 듣기까지 우리 직원들이 우리 제품에 대한 깊은 지식이 없어서 시간이 너무 많이 걸린다고 불만을 제기했어요. 하지만 우린 이미 새 직원들을 교육시켰어요. 어떻게 새로운 직원들을 도와서 손님들에게 더 나은 서비스를 제공할 수 있을까요? 우리 직원들을 도울 수 있는 교육 플랜을 생각해서 전화주세요. 저는 Tina입니다.

핵심 키워드: new employees

문제점 요약

We recently hired new employees.
But some of our customers complained about our employees.
They said, our employees don't know much about our products.
However, we've already provided training sessions.

답변 완성하기　　　　　　　　　　　　　　P5_19 

Hi, this is (수험생 이름), the head of human resources, calling about the new employees' problem.
I understand that we're having a problem since we recently hired new employees.
But some of our customers complained about our employees.
They said, our employees don't know much about our products.
However, we've already provided training sessions.
And, you don't know how to handle the problem.
So you need my help with the new employees' problem, right?
First of all, I'm sorry to hear that we're in trouble.
But, please don't worry because I have a good suggestion to make.
I think we should make training videos about our products and put it on our website. We can give them a test monthly. Then, they'll keep studying our products.

> ### LEVEL 6 굳히기
>
> If you don't like this suggestion, why don't we can hold a weekly training session? So we can train our employees more efficiently.

I hope you are satisfied with this suggestion.
Have a good day. Bye!

해석 최근에 새로운 직원들을 채용했어요.
그런데 몇몇 고객님들이 직원들에 대해 불만을 제기했어요.
그들이 말하길 우리 직원들이 우리 제품을 잘 모른대요.
하지만, 우리는 이미 교육을 시켰어요.

해석 안녕하세요, 저는 인사팀장인 (이름)으로 새 직원 문제 때문에 전화했습니다.
문제가 있다고 들었어요. 우리는 최근에 새로운 직원들을 채용했어요. 근데 몇몇 고객들이 직원들에 대해 불만을 제기했어요. 그들이 말하길 우리 직원들이 우리 제품을 잘 모른대요. 근데, 이미 훈련을 시켰어요. 그리고 어떻게 해결해야 하는지 몰라요. 그래서 새 직원들 문제에 대해서 제 도움이 필요하신 거죠? 일단, 우리에게 문제가 있다는 말을 들어서 유감입니다.
하지만 제가 좋은 해결책을 제안할 수 있으므로 걱정하지 마세요.

제 생각에는 우리 제품에 대한 교육 비디오들을 만들어서 웹사이트에 올려야 해요. 한 달에 한 번씩 시험을 치르도록 해요. 그러면 우리 직원들이 우리 제품 공부를 계속할 거예요.

만약 이 제안이 마음에 들지 않는다면 매주 교육을 하는 건 어떨까요? 그러면 우리가 좀 더 효과적으로 직원들을 교육시킬 수 있을 거예요.

이 해결책이 마음에 들었으면 좋겠습니다.
좋은 하루 보내세요. 안녕히 계세요!

실전 연습 1 문제 p.148   P5_20 

Hello, it's Mitch, the president of the Gavy Incorporated. Since you're the marketing director, I need your ideas on promotional ideas. Our company is well known for our high-end athletic shoes. But recently, we've launched a new line of athletic clothing. We've advertised our new line of clothing on Internet, TV and magazines. However, it doesn't seem to be working. Despite the heavy advertising, our shoes are still making up 90 percent of our sales. We've already conducted a survey to our customers who purchased our athletic wear and it turned out that they're very satisfied with the products. We have to come up with a plan to encourage more clothing sales. Besides advertising, what can we do to get people to notice our athletic wear? Call me back with your plan as soon as possible. Again, it's Mitch.

● 해석 안녕하세요, 전 Gavy사의 사장인 Mitch입니다. 당신이 마케팅팀 이사니까 홍보 아이디어가 좀 필요해요. 우리 회사는 고급 운동화로 유명합니다. 그런데 최근에 새로운 운동복 라인을 출시했습니다. 새로운 라인을 인터넷, TV, 그리고 잡지들에 광고를 했어요. 하지만, 효과가 없는 것 같습니다. 많이 광고를 했음에도 불구하고 여전히 우리 신발이 우리 영업의 90%를 차지하고 있습니다. 운동복을 구매한 소비자들에게 이미 설문조사도 해보았고 그들의 만족도는 높았어요. 우리 운동복 판매를 높이려는 계획이 필요해요. 광고 외에 사람들이 우리 운동복 라인을 잘 알 수 있도록 할 방법이 뭐가 있을까요? 계획을 가능한 한 빨리 전화로 알려주세요. 전 Mitch입니다.

● 어휘 high-end 고급의   launch 출시하다   advertise 광고하다   despite ~에도 불구하고   make up ~을 이루다, 형성하다

● 모범 답안   P5_21

Hi, this is (이름), the marketing director, calling about the athletic clothing problem.
I understand that we're having a problem. Our company is well known for shoes. But, we launched new athletic clothing. We advertised clothing. But, it's not working.
And, you don't know how to handle the problem.
So you need my help with the athletic clothing problem, right?
First of all, I'm sorry to hear that we're in trouble.
But, please don't worry because I have a good suggestion to make.
I think we should hold promotion events on social networking websites. Since words on the Internet spread like wildfire, it'll work for sure.

> **LEVEL 6 굳히기**
>
> If you don't like this suggestion, why don't we hold a promotion event in downtown? Then, more people can learn about our athletic clothing.

I hope you are satisfied with this suggestion.
Have a good day. Bye!

● 해석

안녕하세요, 저는 마케팅 디렉터인 (이름)으로, 운동복 문제 때문에 전화했습니다.
문제가 있다고 들었습니다. 우리 회사는 신발로 유명합니다. 하지만 새로운 운동복을 출시했어요. 그 옷을 광고했지만 효과가 없습니다.
그리고 어떻게 해결해야 하는지 몰라요.
그래서 운동복 문제에 대해서 제 도움이 필요하신 거죠?
먼저, 우리에게 문제가 있다는 말을 들어서 유감입니다.
하지만 제가 좋은 해결책을 제안할 수 있으므로 걱정하지 마세요.
제 생각에 우리는 홍보 이벤트들을 소셜 네트워킹 웹사이트에서 해야 합니다. 인터넷에선 말이 빨리 퍼지니까 반드시 효과가 있을 거예요.

만약 이 제안이 마음에 들지 않는다면 시내 중심가에서 홍보 이벤트를 여는 건 어떨까요? 그럼 더 많은 사람들이 우리의 운동복에 대해서 알 수 있어요.

이 해결책이 마음에 들었으면 좋겠습니다.
좋은 하루 보내세요. 안녕히 계세요!

Hello, it's Jennifer, the general manager of Sunshine Museum. Since you're my assistant manager, I think you're the right person to discuss about children's facility in our museum. As you know, our children's area hasn't been renovated for more than decade. Furniture and entertainment system such as toys and games are too old or out of date. Since many visitors are bringing their children to our museum, we have to renovate the area and replace furniture and entertainment system for children. The problem is, renovation companies' estimate exceed our budget. But, we really need to renovate the children's area. Since you have dealt with similar situation in the past, I really need your ideas. Please call me back with your plan at extention 253. Again, it's Jennifer.

해석 안녕하세요, Sunshine 박물관의 총괄매니저인 Jennifer입니다. 당신은 부매니저니까 우리 박물관의 아이들 시설에 대한 문제를 상의할 적임자라 생각합니다. 알다시피, 우리 아이들 구역은 10년 넘도록 리모델링을 하지 않았어요. 가구랑 장난감이랑 게임들 같은 엔터테인먼트 시스템이 너무 낡거나 유행이 지났어요. 많은 방문객들이 그들의 아이들을 우리 박물관에 데려오니까 우리는 아이들을 위한 구역을 리모델링과 함께 가구랑 엔터테인먼트 시스템을 교체해야 해요. 문제는 리모델링 회사들의 견적이 우리의 예산을 초과합니다. 하지만 우리는 정말 아이들 구역을 리모델링 해야 해요. 당신은 이런 비슷한 상황을 과거에 다뤄본 적이 있으니까 당신의 아이디어가 정말 필요합니다. 내선번호 253번으로 전화해서 당신의 계획을 알려주세요. 전 Jennifer입니다.

어휘 decade 10년 estimate 견적 exceed 초과하다 budget 예산

모범 답안 P5_23 

Hi, this is (이름), the assistant manager, calling about the children's area problem.
I understand that we're having a problem because our children's area is too old. We have to replace furniture, toys and renovate the area. However, we don't have enough budgets.
And, you don't know how to handle the problem.
So you need my help with the children's area problem, right?
First of all, I'm sorry to hear that we're in trouble.
But, please don't worry because I have a good suggestion to make.
I think we should hold fundraising events to collect money.

> ### LEVEL 6 굳히기
> If you don't like this suggestion why don't we use my uncle's renovation company? He can do the job within our budget.

I hope you are satisfied with this suggestion.
Have a good day. Bye!

해석

안녕하세요, 저는 부매니저인 (이름)으로, 아이들 구역 문제 때문에 전화했습니다.
우리 아이들 구역이 너무 낡아서 문제가 있다고 들었습니다. 가구, 장난감 등을 교체하고 리모델링을 해야 해요. 하지만 충분한 예산이 없어요.
어떻게 해결해야 하는지 몰라요.
그래서 아이들 구역 문제에 대해서 제 도움이 필요하신 거죠?
먼저, 우리에게 문제가 있다는 말을 들어서 유감입니다.
하지만 제가 좋은 해결책을 제안할 수 있으므로 걱정하지 마세요.
제 생각에 우리는 지금 모금 행사를 열어서 돈을 모아야 합니다.

만약 이 제안이 마음에 들지 않는다면 우리 삼촌의 리모델링 회사를 이용하면 어떨까요? 그는 우리 예산 내에서 일을 할 수 있습니다.

이 해결책이 마음에 들었으면 좋겠습니다.
좋은 하루 보내세요. 안녕히 계세요!

Business 관련 템플릿

P6_04

To be successful, an employee has to work very hard. He needs to do his best and help other employees. If an employee has good work experience, he can be noticed by other people It can motivate others to work harder. When all employees work hard, the company can make a lot of profit.	성공하기 위해서 직원은 열심히 일해야 합니다. 그는 최선을 다해야 하며, 다른 직원들을 도와야 합니다. 만약에 직원이 업무 실적이 좋으면, 그는 다른 사람들의 눈에 띌 수 있습니다. 그것은 다른 사람들을 열심히 일하도록 동기를 부여합니다. 모든 직원들이 열심히 일하면, 회사는 많은 이익을 낼 수 있습니다.

연습문제 1 문제 p.159

P6_05

To be successful for a new employee what is the most important? Choose one of the options below and give specific reasons and examples to support your opinion.
- Teamwork
- Knowledge
- Educational background

신입 사원이 성공하기 위해 다음 중 가장 중요한 것은 무엇입니까? 아래 보기 중 하나를 골라서 이유와 예시를 제시하세요.
- 팀워크
- 지식
- 학력

모범 답안

I think teamwork is the most important for a new employee to be successful.
I have some reasons to support my opinion.
Most of all, to be successful, an employee has to work very hard.
He needs to do his best and help other employees.
If an employee has good work experience, he can be noticed by other people.
It can motivate others to work harder.
When all employees work hard, the company can make a lot of profit.
For example, I had a part time job at a restaurant.
All employees worked hard and helped each other.
Whenever the store was busy, we helped each other.
Thanks to the teamwork, our store could make a lot of profit.
So, I think teamwork is the most important.

해석

저는 신입 사원이 성공하기 위해서는 팀워크가 가장 중요하다고 생각합니다.
저의 의견을 뒷받침할 몇 가지 이유가 있습니다.
성공하기 위해서 직원은 열심히 일해야 합니다.
그는 최선을 다해야 하며, 다른 직원들을 도와야 합니다.
만약에 직원이 업무 실적이 좋으면, 그는 다른 사람들의 눈에 띌 수 있습니다.
그것은 다른 사람들을 열심히 일하도록 동기를 부여합니다.
모든 직원들이 열심히 일하면, 회사는 많은 이익을 낼 수 있습니다.
예를 들어, 저는 식당에서 시간제 일을 하였습니다
모든 직원들이 열심히 일했고 서로를 도왔습니다.
가게가 바쁠 때마다, 우리는 서로 도왔습니다.
팀워크 덕분에 우리 가게는 많은 이익을 낼 수 있었습니다.
그러므로 저는 팀워크가 가장 중요하다고 생각합니다.

어휘 do one's best 최선을 다하다 help each other 서로 돕다 busy 바쁜, 분주한

Do you agree or disagree with this following statement?
"To evaluate an employee, asking his colleagues is the best way."
Give your reasons and examples to support your opinion.

다음의 문장에 동의합니까 또는 반대합니까?
"직원을 평가하기 위해서는, 그의 동료들에게 물어보는 것이 최고의 방법이다."
당신의 의견을 뒷받침할 이유나 예시를 제시하세요.

모범 답안

I agree that to evaluate an employee, asking his colleagues is the best way.
I have some reasons to support my opinion.
To be successful, an employee has to work very hard.
He needs to do his best and help other employees.
If an employee has good work experience, he can be noticed by other people.
It can motivate others to work harder.
When all employees work hard, the company can make a lot of profit.
For example, I had a part time job at a restaurant.
There was a staff named Tom.
He was a very hardworking person.
He was recommended by others.
He became a manager.
So, I agree with this statement.

해석

저는 "직원을 평가하기 위해서는, 그의 동료들에게 물어보는 것이 최고의 방법이다" 라는 데에 동의합니다. 제 의견을 뒷받침할 몇 가지 이유가 있습니다.
성공하기 위해서 직원은 열심히 일해야 합니다.
그는 최선을 다해야 하며, 다른 직원들을 도와야 합니다.
만약에 직원이 업무 실적이 좋다면, 그는 다른 사람들의 눈에 띌 수 있습니다.
그것은 다른 사람들을 열심히 일하도록 동기를 부여합니다.
모든 직원들이 열심히 일하면, 회사는 많은 이익을 낼 수 있습니다.
예를 들어, 저는 식당에서 시간제 일을 하였습니다.
Tom이라는 이름의 직원이 있었습니다.
그는 정말 성실한 사람이었습니다.
그는 다른 사람들에 의해서 추천되었습니다.
그는 매니저가 되었습니다.
그러므로 저는 이 문장에 동의합니다.

어휘 motivate 동기를 부여하다 hardworking 근면 성실한 be recommended by ~에 의해 추천되어지다

Technology 템플릿   P6_07 

In our society, technology has developed a lot.
Many people have their own smart phones.
They can access the Internet whenever they want to.
In addition, they prefer to shop items on the Internet.
Information on the Internet has great effect on decision-making.
That's because words on the Internet spread like wild fire.

우리 사회에서 기술은 많이 발전하였습니다.
많은 사람들은 자신들의 스마트폰을 가지고 있습니다.
그들은 언제든지 그들이 원할 때면 인터넷에 접속할 수 있습니다.
게다가, 그들은 인터넷으로 물건 사는 것을 선호합니다.
인터넷의 정보는 의사결정에 큰 영향을 끼칩니다.
인터넷상의 말들은 사나운 불처럼 퍼지기 때문입니다.

Some people believe that people in the future will not read paper books because of e-books. Do you agree or disagree with this statement? Why or why not? Give specific reasons and examples to support your opinion.

몇몇 사람들은 미래에는 사람들이 전자책 때문에 종이책을 읽지 않을 것이라고 생각합니다. 이에 동의하십니까? 또는 반대하십니까? 왜입니까? 당신의 의견을 뒷받침할 이유와 예시를 제시해 주세요.

I agree that people in the future will not read paper books because of e-books.
I have some reasons to support my opinion.
In our society, technology has developed a lot.
Many people have their own smart phones.
They can access the Internet whenever they want to.
In addition, they prefer to shop items on the Internet.
Information on the Internet has great effect on decision-making.
That's because words on the Internet spread like wild fire.
In my case, I like to read e-books.
I can read a comic book, a magazine or a newspaper by using my smart phone.
It is very convenient and I can spend my time efficiently.
I hardly read paper books.
Therefore, I agree with this statement.

저는 미래에는 사람들이 전자책 때문에 종이책을 읽지 않을 것이라는 데에 동의합니다. 제 의견을 뒷받침할 몇 가지 이유가 있습니다. 우리 사회에서 기술은 많이 발전하였습니다.
많은 사람들은 자신들의 스마트폰을 가지고 있습니다.
그들은 언제든지 그들이 원할 때면 인터넷에 접속할 수 있습니다.
게다가, 그들은 인터넷으로 물건 사는 것을 선호합니다.
인터넷의 정보는 의사결정에 큰 영향을 끼칩니다.
인터넷상의 말들은 사나운 불처럼 퍼지기 때문입니다.
저의 경우는 전자책 읽는 것을 좋아합니다.
저는 만화책, 잡지, 혹은 신문을 스마트폰을 사용해서 읽을 수 있습니다.
그것은 매우 편리하고 저는 저의 시간을 효율적으로 사용할 수 있습니다.
저는 종이책은 거의 읽지 않습니다.
그러므로 저는 이 문장에 동의합니다.

🔹 어휘 access the Internet 인터넷에 접속하다   efficiently 효율적으로   hardly 거의 ~ 하지 않는

연습문제 4 문제 p.163

P6_09 🎧

Do you think Internet advertisement is necessary for companies to promote their services or products? Why or why not?

당신은 회사가 그들의 서비스나 제품을 홍보하기 위해서 인터넷으로 광고하는 것이 필수적이라고 생각합니까? 왜 그렇습니까?

I think that Internet advertisement is necessary for companies to promote their services or products. I have some reasons to support my opinion.
In our society, technology has developed a lot.
Many people have their own smart phones.
They can access the Internet whenever they want to.
In addition, they prefer to shop items on the Internet.
Information on the Internet has a great effect on decision-making.
That's because words on the Internet spread like wild fire.
In my case, I often see online advertisement.
It includes a lot of information.
Also, it is easy to understand.
I can easily check the information before buying an item.
So, I think that Internet advertisement is necessary.

저는 회사가 그들의 서비스나 제품을 홍보하기 위해 인터넷 광고가 필수적이라고 생각합니다. 저의 의견을 뒷받침할 몇 가지 이유가 있습니다. 우리 사회에서 기술은 많이 발전하였습니다.
많은 사람들은 자신들의 스마트폰을 가지고 있습니다.
그들은 언제든지 그들이 원할 때면 인터넷에 접속할 수 있습니다.
게다가, 그들은 인터넷으로 물건 사는 것을 선호합니다.
인터넷의 정보는 의사결정에 큰 영향을 끼칩니다.
인터넷상의 말들은 사나운 불처럼 퍼지기 때문입니다.
저는 온라인 광고를 종종 봅니다.
그것은 많은 정보를 포함합니다.
또한 그것은 이해하기 쉽습니다.
저는 물건을 사기 전에 정보를 쉽게 확인할 수 있습니다.
그러므로 인터넷 광고는 필수적이라고 생각합니다.

🔹 어휘 have a great effect on ~에 큰 영향을 끼치다   It is easy to 동사 ~하기 쉽다   easily 쉽게

These days, most parents are working. Also, most children are only-children. They spend too much time doing homework in schools. They don't have enough time to make new friends or exercise. They need some time to release stress or learn social skill. If there is a new system, children can learn useful skills.	요즈음에는 대부분의 부모들이 일을 합니다. 또한, 대부분의 아이들이 외동입니다. 그들은 너무 많은 시간을 학교에서 숙제를 하며 보냅니다. 그들은 새로운 친구를 사귀거나 운동을 할 시간이 충분하지 않습니다. 그들은 스트레스를 풀거나 사회성을 배울 시간이 필요합니다. 만약에 새로운 시스템이 있다면, 아이들은 유용한 스킬들을 배울 수 있습니다.

연습문제 5   문제 p.165   P6_11

What are the advantages of doing team sports while students are in school? Give your reasons and examples.	학생들이 학교에 있는 동안 팀 스포츠를 하는 것의 장점은 무엇인가요? 이유와 예시를 제시하세요.

○ 모범 답안

There are some advantages of doing team sports while students are in school.
I have some reasons to support my opinion.
These days, most parents are working.
Also, most children are only-children.
They spend too much time doing homework in schools.
They don't have enough time to make new friends or exercise.
They need some time to release stress or learn social skill.
If there is a new system, children can learn useful skills.
When I was young, I often played sports with my friends.
We played soccer, baseball, basketball and so on.
It was very interesting and I could make many new friends.
We could have close friendship by playing team sports.
So, there are some advantages.

○ 해석

학생들이 학교에 있는 동안 팀 스포츠를 하는 것에는 많은 장점들이 있습니다. 저의 의견을 뒷받침할 몇 가지 이유가 있습니다.
요즈음에는 대부분의 부모들이 일을 합니다.
또한, 대부분의 아이들이 외동입니다.
그들은 너무 많은 시간을 학교에서 숙제를 하며 보냅니다.
그들은 새로운 친구를 사귀거나 운동을 할 시간이 충분하지 않습니다.
그들은 스트레스를 풀거나 사회성을 배울 시간이 필요합니다.
만약에 새로운 시스템이 있다면, 아이들은 유용한 기술들을 배울 수 있습니다.
제가 어렸을 때에, 저는 친구들과 종종 스포츠를 즐겼습니다.
우리는 축구, 야구, 농구 등을 하였습니다.
매우 흥미로웠고, 많은 새로운 친구들을 사귈 수 있었습니다.
우리는 팀 스포츠를 통해 친밀한 우정을 쌓을 수 있었습니다.
그러므로 여러 장점들이 있습니다.

○ 어휘   주어 don't have enough time to 동사 주어는 ~할 시간이 충분하지 않다   social skill 사회성   have close friendship 깊은 우정을 쌓다

연습문제 6   문제 p.166   P6_12

Some people say that these days, parents are spending too much money on private education. Do you agree or disagree with this statement? Give your reasons and examples to support my opinion.	몇몇 사람들은 요즈음 부모들이 사교육에 너무나도 많은 돈을 소비하고 있다고 합니다. 당신은 이 생각에 동의합니까? 또는 반대합니까? 당신의 의견을 뒷받침할 이유와 예시를 제시해 주세요.

I agree that these days, parents are spending too much money on private education. I have some reasons to support my opinion.
These days, most parents are working.
Also, most children are only-children.
They spend too much time doing homework in schools.
They don't have enough time to make new friends or exercise.
They need some time to release stress or learn social skill.
If there is a new system, children can learn useful skills.
In my case, I have a cousin.
He is only 10 years old.
But, he is very busy because of private academies.
He needs to go to many academies after school.
I think he is spending too much time only on studying.
So, I agree with this statement.

저는 요즈음 부모들이 사교육에 너무나도 많은 돈을 소비하고 있다는 데에 동의합니다. 저의 의견을 뒷받침할 몇 가지 이유가 있습니다.
요즈음에는 대부분의 부모들이 일을 합니다.
또한, 대부분의 아이들이 외동입니다.
그들은 너무 많은 시간을 학교에서 숙제를 하며 보냅니다.
그들은 새로운 친구를 사귀거나 운동을 할 시간이 충분하지 않습니다.
그들은 스트레스를 풀거나 사회성을 배울 시간이 필요합니다.
만약에 새로운 시스템이 있다면, 아이들은 유용한 기술들을 배울 수 있습니다.
저의 경우에 사촌이 한 명 있습니다.
그는 이제 열 살입니다.
하지만, 그는 학원 때문에 매우 바쁩니다.
그는 학교가 끝난 뒤에도 많은 학원을 가야 합니다.
제 생각에 그는 오직 공부에만 너무 많은 시간을 보내는 것 같습니다.
그러므로 저는 이 문장에 동의합니다.

  spend 시간 on 동사-ing ~하느라 ~시간을 보내다   make new friends 새로운 친구를 사귀다   release stress 스트레스를 풀다

친구 관련 템플릿

P6_13 

My friends and I share common interest.
My friends can always understand me well.
I can trust my friends and talk about any worries.
My friends always care about me.
So, with their advice, I can solve many kinds of problems.
Whenever I have some difficulties, I can have a conversation with them.
Thanks to my friends, I can get motivated.

저의 친구들과 저는 많은 관심사를 공유합니다.
제 친구들은 항상 저를 잘 이해해 줍니다.
저는 그들을 신뢰할 수 있고, 어떠한 걱정거리도 이야기할 수 있습니다.
제 친구들은 항상 저에게 관심을 갖습니다.
그래서 그들의 조언으로, 저는 많은 문제를 해결할 수 있습니다.
어려운 일이 생길 때마다, 저는 그들과 대화를 나눌 수 있습니다.
친구들 덕분에, 저는 동기부여가 됩니다.

연습문제 7 문제 p.168

P6_14

What is the most important characteristic of friends? Choose one and give your reasons and examples to support your opinion.
- Honesty
- Loyalty
- Sense of humor

다음 중 친구의 자질로 가장 중요한 것은 무엇입니까? 다음 중 하나를 고르고, 당신의 의견을 뒷받침할 이유와 예시를 제시해 주세요.
– 정직
– 의리
– 유머 감각

For me, loyalty is the most important for a friend's characteristic.
I have some reasons to support my opinion.
My friends and I share common interest.
My friends can always understand me well.
I can trust my friends and talk about any worries.
My friends always care about me.
So, with their advice, I can solve many kinds of problems.
Whenever I have some difficulties, I can have a conversation with them.
Thanks to my friends, I can get motivated.
In my case, I have a friend named Jane.
She has loyalty so I can trust her.
These days, I get a lot of stress from getting a job.
I can talk about my worries and relieve my stress.
So, I think loyalty is the most important.

저에게는 친구의 자질로 의리가 가장 중요합니다. 저의 의견을 뒷받침할 몇 가지 이유가 있습니다.
저의 친구들과 저는 많은 관심사를 공유합니다.
제 친구들은 항상 저를 잘 이해해 줍니다.
저는 그들을 신뢰할 수 있고, 어떠한 걱정거리도 이야기할 수 있습니다.
제 친구들은 항상 저에게 관심을 갖습니다.
그래서 그들의 조언으로, 저는 많은 문제를 해결할 수 있습니다.
어려운 일이 생길 때마다, 저는 그들과 대화를 나눌 수 있습니다.
친구들 덕분에, 저는 동기부여가 됩니다.
저의 경우에 Jane이라는 이름의 친구가 있습니다.
그녀는 의리가 있어서 저는 그녀를 신뢰할 수 있습니다.
요즈음에 저는 취업 준비로 스트레스를 많이 받습니다.
저는 저의 걱정거리를 이야기할 수 있고 스트레스를 풀 수 있습니다.
그러므로 의리가 가장 중요하다고 생각합니다.

 talk about ~에 관해 이야기하다   have a conversation 대화를 나누다   trust 신뢰하다

연습문제 8 문제 p.169

P6_15

When you have some worries regarding your career, who is the best person to get advice? Choose one of the following options and give your reasons and examples to support your opinion.
- Friends
- Parents
- Career counselor

당신의 경력에 관해 걱정거리가 있을 때, 가장 조언을 받고 싶은 사람은 누구인가요? 다음 중 하나를 골라서 이유와 예시를 제시해 주세요.
– 친구
– 부모님
– 경력 상담사

I think friends are the best to get advice when I have some worries regarding my career. I have some reasons to support my opinion.
My friends and I share common interest.
My friends can always understand me well.
I can trust my friends and talk about any worries.
My friends always care about me.
So, with their advice, I can solve many kinds of problems.
Whenever I have some difficulties, I can have a conversation with them.
Thanks to my friends, I can get motivated.
In my case, I am a senior in my university.
So, I am looking for a job and my friends are looking for a job too.
We can share a lot of information on jobs.
It is very helpful for me.
So, I think friends are the best.

저는 경력에 관한 걱정이 있을 때 조언을 받기에 친구가 제일 좋은 사람이라고 생각합니다. 제 의견을 뒷받침할 몇 가지 이유가 있습니다.
저의 친구들과 저는 많은 관심사를 공유합니다.
제 친구들은 항상 저를 잘 이해해 줍니다.
저는 그들을 신뢰할 수 있고, 어떠한 걱정거리도 이야기할 수 있습니다.
제 친구들은 항상 저에게 관심을 갖습니다.
그래서 그들의 조언으로, 저는 많은 문제를 해결할 수 있습니다.
어려운 일이 생길 때마다, 저는 그들과 대화를 나눌 수 있습니다.
친구들 덕분에, 저는 동기부여가 됩니다.
저는 대학교 4학년입니다.
저는 취업 준비를 하고 있고, 저의 친구들 또한 취업 준비를 하고 있습니다.
우리는 직업에 대한 많은 정보를 공유합니다.
저에게 매우 유용합니다.
그러므로 친구가 최고라고 생각합니다.

실전 연습 1 문제 p.172 P6_17 

Do you agree or disagree with this following statement?
"Children in these days have less creative ideas than children in the past."
Give your reasons and examples to support your opinion.

모범 답안 P6_18

I agree that children in these days have less creative ideas than children in the past. I have some reasons to support my opinion.
These days, most parents are working.
Also, most children are only-children.
They spend too much time doing homework in schools.
They don't have enough time to make new friends or exercise.
They need some time to release stress or learn social skill.
If there is a new system, children can learn useful skills.
When I was young, I studied the same subjects like others.
Now, I am looking for a job. I need to write a resume, a cover letter and prepare for a job interview.
But, it is hard for me to think creatively.
So, I agree with this statement.

해석

당신은 다음의 문장에 찬성합니까 또는 반대합니까?
"요즈음 아이들은 과거 아이들에 비해 창의적이지 못하다."
당신의 의견을 뒷받침할 이유와 예시를 제시하세요.

저는 요즈음 아이들은 과거 아이들에 비해 창의적이지 못하다는 데에 동의합니다. 저의 의견을 뒷받침할 몇 가지 이유가 있습니다.
요즈음 대부분의 부모들이 맞벌이를 합니다. 게다가, 대부분의 아이들은 외동입니다. 그들은 학교에서 그들의 숙제를 하느라 너무 많은 시간을 보냅니다. 그들은 새로운 친구를 사귀거나 운동을 할 시간이 충분하지 않습니다. 그들은 스트레스를 풀거나 사회성을 배울 시간이 필요합니다. 만약에 새로운 시스템이 있다면 아이들은 많은 유용한 기술들을 배울 수 있습니다.
제가 어렸을 때, 저는 다른 사람들과 동일한 과목들을 공부하였습니다.
현재, 저는 취업 준비 중입니다. 이력서와 자기소개서를 써야 하고 면접 준비를 하여야 합니다.
하지만, 창의적으로 생각하는 것이 저에게는 너무 힘이 듭니다.
그러므로 저는 이 문장에 동의합니다.

어휘 resume 이력서 cover letter 자기소개서 think creatively 창의적으로 생각하다

실전 연습 2 문제 p.173 P6_19 

Do you think companies should encourage employees to use public transportation? Why or why not?

모범 답안 P6_20

I think that companies should encourage employees to use public transportation. I have some reasons to support my opinion.
Saving environment is very important for people.
Saving environment is easier than recovering damaged environment.
People should protect our environment for our children.
People need to use public transportation instead of driving their own cars.
When people use subway, they can avoid traffic jam and they can be on time.

해석

당신은 회사가 직원들로 하여금 대중교통을 이용하도록 권고하여야 한다고 생각합니까? 왜 그렇습니까?

저는 회사가 직원들로 하여금 대중교통을 이용하도록 권고하여야 한다고 생각합니다. 저의 의견을 뒷받침할 몇 가지 이유가 있습니다.
환경을 보호하는 것은 사람들에게 매우 중요합니다.
환경을 보호하는 것이 손상된 환경을 회복하는 것보다 더 쉽습니다.
사람들은 우리의 자손들을 위해 환경을 보호하여야 합니다.
사람들은 자가 운전을 하는 대신 대중교통을 이용하여야 합니다.
사람들이 지하철을 이용하면, 그들은 교통체증을 피할 수 있고 시간에 맞춰 도착할 수 있습니다.

In my case, I commute to school by subway.
Subways are always on time.
I don't need to wait for a long time and I have never been late for school.
It helps me save time and money.
So, I think companies should encourage employees to use public transportation.

저의 경우에는 지하철로 학교를 통학합니다.
지하철은 항상 제시간에 옵니다.
저는 오래 기다릴 필요가 없고, 학교에 지각을 한 적도 없습니다.
그것은 제가 시간과 돈을 아낄 수 있도록 도와 줍니다.
그러므로 저는 회사가 직원들로 하여금 대중교통을 이용하도록 권고해야 한다고 생각합니다.

어휘 commute to ~를 통학하다   protect 보호하다   be late for ~에 지각하다

ACTUAL TEST

Actual Test 1

AT_1_Q1-2 🎧

Good **evening** everyone, ↗ / **here** is the **evening** report. ↘ //
첫 명사 · 지시대명사 · 첫 명사

Today's top **story** / is about **weather**. ↘ // Because we have **had** /
명사 · 명사 · 본동사

significantly dry **conditions** / during this **summer**, ↗ / we are very
부사 · 명사 · 명사

pleased / to forecast rain! ↘ // In fact, ↗ / our **area** / can **expect** /
be동사 보어 · 동사 · 명사 · 명사 · 명사 · 본동사

nearly 3 days of wet **weather**. ↘ // There will be cloudy **skies**, ↗ /
숫자 · 명사 · 명사

strong **winds**, ↗ / and continuous **rainfall** / during this **period**. ↘ //
명사 · 명사 · 명사

● 발음 확인
- significantly [sɪɡnífɪkəntli] /씨그니피컨뜰리/ 극심한
- forecast [fɔ́ːrkæst] /퍼얼캐스트/ 일기예보를 하다
- rainfall [réɪnfɔːl] /뤠인퍼얼–/ 폭우

● 해석 안녕하세요, 저녁 뉴스입니다. 오늘의 첫 번째 소식은 날씨에 관한 것입니다. 이번 여름 동안 극심하게 건조했기 때문에, 비를 예보하게 되어 매우 기쁩니다. 사실, 우리 지역은 대략 3일 동안 비가 예상됩니다. 구름 낀 하늘과 강한 바람과 지속적인 폭우가 이 기간 동안 예상됩니다.

● 어휘 be pleased to ~하게 되어 기쁘다 expect 예상하다 during ~ 동안

Welcome / to this **training** seminar / for our new **data** management
동사 · 첫 명사 · 첫 명사

system. ↘ // First, ↗ / let's **meet** / the **manager** of **technology**
부사 · 동사 · 명사 · 첫 명사

team, ↗ / Phillip **Taylor**. ↘ // Phillip will **teach** you / how to **enter**
family name · 고유명사 · 동사 · 의문사 · 동사

information, ↗ / keep **files** ↗ / and **access** customer charts / for
명사 · 동사 명사 · 동사 · 첫 명사

your practical **performance**. ↘ // After you **finish** the **training**, ↗ /
명사 · 동사 · 명사

he'll be **available** / to **assist** anyone / who **needs** it! ↘ //
be동사 보어 · 동사 · 동사

● 발음 확인
- technology [teknáːlədʒi] /텍날–러쥐/ 기술
  한국식 '테크놀로지'가 아닌 /텍날–러쥐/처럼 영어식으로 발음 해 주세요.
- access [ǽkses] /액쎄쓰/ 접근
- performance [pərfɔ́ːrməns] /펄풔어–먼쓰/ 업무 수행
  첫 소리 /p/는 양 입술을 말아 넣었다가 터뜨리듯이 발음하고 중간의 /f/ 발음은 윗니로 아랫입술을 살짝 깨물고 발음 해 주세요.

● 해석 정보 관리 시스템 훈련에 오신 것을 환영합니다. 우선, 기술팀 매니저인 Phillip Taylor 씨를 만나보겠습니다. Phillip 씨는 여러분들에게 어떻게 정보를 입력하는지, 파일을 보관하는지, 고객 차트에 접근하는지를 여러분의 실질적인 업무 수행을 위해 알려 줄 것입니다. 이 훈련이 끝나고 나면, 그는 누구든 도움이 필요한 사람을 도울 수 있을 것입니다.

● 어휘 how to ~ 하는 법, 어떻게 ~하는지 practical 실질적인 performance 업무 수행

This is a picture of a street.	이 사진은 거리 사진입니다.
In the middle of the picture, four people are standing together.	사진의 중앙에는 4명의 사람들이 함께 서 있어요.
One of them is holding a map.	그들 중 한 명은 지도를 들고 있습니다.
He is wearing a black shirt and a scarf.	그는 검은색 셔츠와 목도리를 하고 있습니다.
Next to him, the others are looking at the map, too.	그의 옆에서 다른 사람들도 지도를 보고 있어요.
In front of them, I can see blue, white and orange suitcases.	그들 앞에 파란색, 하얀색 그리고 오렌지색 여행가방들이 보입니다.
In the background of the picture, I can see a beautiful building.	사진의 배경에 아름다운 건물이 보입니다.
It seems like the street is a tourist destination.	이 거리는 관광지처럼 보입니다.

Imagine that a shopping mall in your area is doing research. You have agreed to participate in a telephone interview about shopping for clothes.

Q4. **What kinds of clothes do you usually buy?**
I usually buy casual clothes such as a t-shirt and jeans.

05. **Do you like to look around the clothing stores? Why or why not?**
Yes, I do. I am interested in the latest fashion.

06. **Have you ever bought some clothing as a gift?**
Yes, I have. I could make someone happy. Last year, it was my mother's birthday. I bought a sweater for her. She really liked it. I was happy for her, too. So, I think clothing can be a good gift.

◯ 해석 당신 지역의 한 쇼핑몰이 설문조사를 하고 있다고 가정해 보세요. 당신은 의류 쇼핑에 관한 전화 인터뷰에 응하기로 동의하였습니다.

당신은 어떤 종류의 옷을 주로 사나요?
저는 주로 티셔츠나 청바지와 같은 편안한 차림의 옷을 삽니다.

당신은 옷가게를 둘러보는 것을 좋아하나요? 왜죠?
네, 그렇습니다. 저는 최신 유행에 관심이 있습니다.

당신은 옷을 선물로 사 본 적이 있나요?
네, 사 본 적이 있습니다. 저는 누군가를 행복하게 해 줄 수 있습니다. 작년에 저희 어머니의 생신이었습니다. 저는 엄마를 위해 스웨터를 구매하였습니다. 엄마는 정말 좋아하였습니다. 저도 엄마 덕분에 행복하였습니다. 그래서 저는 옷은 좋은 선물이 될 수 있다고 생각합니다.

◯ 어휘 casual clothes 편안한 옷차림　be interested in ~에 관심이 있다　make someone happy (누군가를) 행복하게 하다

Orange Community Center
Cooking Class Calendar
All classes $20: attendees must be 12 or older

Date	Class	Instructor
May 21	Introduction to desserts 디저트 입문	Zoey, Pastry Chef, Fine Desserts Zoey, 제빵사, Fine Desserts
June 26	Sweetened Whipped Cream Recipe 달달한 생크림 제조법	Carol, Assistant Pastry Chef, Heavenly Delite Carol, 부제빵사, Heavenly Delite
July 13	Selecting ingredients for pies 파이 재료 선택법	Ian, Produce manager, Ralph's Ian, 생산품 매니저, Ralph's
August 20	Cupcakes and frosting from scratch 기초부터 컵케이크와 프로스팅 만들기	Zoey, Pastry Chef, Fine Desserts Zoey, 제빵사, Fine Desserts
September 2	How to make low fat cakes 저지방 케이크 만들기	Tom, Pastry Chef, Heavenly Delite Tom, 제빵사, Heavenly Delite
October 12	Preparing beverages 음료 만들기	Frank, Barista, Heavenly Delite Frank, 바리스타, Heavenly Delite

Narration

Hi, my friend told me about cooking classes offered at the community center, but I don't remember all the details. I was hoping you can fill me in.

> **해석** 안녕하세요. 제 친구가 문화회관에서 열리는 요리 수업에 대해서 말해주었지만 제가 자세한 사항은 기억이 안 나서요. 좀 알려주셨으면 합니다.

Q7. Are there any classes that I can learn how to make good coffee?

Sure, on October 12th, preparing beverages class is scheduled. Instructor is Frank, the barista from Heavenly Delite.

맛있는 커피 만드는 방법을 배울 수 있는 수업이 있을까요? 물론입니다. 10월 12일에 음료 만들기 수업이 예정되어 있습니다. 강사는 Heavenly Delite의 바리스타 Frank입니다.

Q8. I have a daughter who is 10 years old. Can she attend the class?

I'm sorry, but attendees must be 12 or older.

저에겐 10살된 딸아이가 있습니다. 그 아이도 수업을 들을 수 있을까요? 죄송하지만 참가자들은 12살 이상이어야 합니다.

Q9. I know my friend Zoey is teaching some classes. Can you tell me the details of my friend Zoey's classes?

Sure, there are two classes.
First, introduction to desserts class is scheduled on May 21st.
And second, cupcakes and frosting from scratch class is scheduled on August 20th.

제 친구 Zoey가 수업을 한다고 알고 있는데요. 제 친구 수업들에 대해 더 자세히 알려주시겠어요? 물론입니다. 수업 2개가 있습니다. 첫째, 디저트 입문 수업이 5월 21에 예정되어져 있습니다. 그리고 둘째, 기초부터 컵케이크와 프로스팅 만들기 수업이 8월 20일에 예정되어져 있습니다.

Hello, it's Mitch, the president of the Gavy Incorporated. Since you're the marketing director, I need your ideas on promotional ideas. Our company is well known for our high-end athletic shoes. But recently, we've launched a new line of athletic clothing. We've advertised our new line of clothing on Internet, TV and magazines. However, it doesn't seem to be working. Despite the heavy advertising, our shoes are still making up 90 percent of our sales. We've already conducted a survey to our customers who purchased our athletic wear and it turned out that they're very satisfied with the products. We have to come up with a plan to encourage more clothing sales. Besides advertising, what can we do to get people to notice our athletic wear? Call me back with your plan as soon as possible. Again, it's Mitch.

해석 안녕하세요, 전 Gavy사의 사장인 Mitch입니다. 당신이 마케팅팀 이사니까 홍보 아이디어가 좀 필요해요. 우리 회사는 고급 운동화로 유명합니다. 그런데 최근에 새로운 운동복 라인을 출시했습니다. 새로운 라인을 인터넷, TV, 그리고 잡지들에 광고를 했어요. 하지만, 효과가 없는 것 같습니다. 많이 광고를 했음에도 불구하고 여전히 우리 신발이 우리 영업의 90%를 차지하고 있습니다. 운동복을 구매한 소비자들에게 이미 설문조사도 해보았고 그들의 만족도는 높았어요. 우리 운동복 판매를 높이려는 계획이 필요해요. 광고 외에 사람들이 우리 운동복 라인을 잘 알 수 있도록 할 방법이 뭐가 있을까요? 계획을 가능한 한 빨리 전화로 알려주세요. 전 Mitch입니다.

어휘 high-end 고급의　launch 출시하다　advertise 광고하다　despite ~에도 불구하고　make up ~을 이루다, 형성하다

Hi, this is (이름), the marketing director, calling about the athletic clothing problem.
I understand that we're having a problem. Our company is well known for shoes. But, we launched new athletic clothing. We advertised clothing. But, it's not working.
And, you don't know how to handle the problem.
So you need my help with the athletic clothing problem, right?
First of all, I'm sorry to hear that we're in trouble.
But, please don't worry because I have a good suggestion to make.
I think we should hold promotion events on social networking websites. Since words on the Internet spread like wildfire, it'll work for sure.

해석 안녕하세요, 저는 마케팅 디렉터인 (이름)으로 운동복 문제 때문에 전화했습니다.
문제가 있다고 들었습니다. 우리 회사는 신발로 유명합니다. 하지만 새로운 운동복을 출시했어요. 그 옷을 광고했지만 효과가 없습니다.
그리고 어떻게 해결해야 하는지 몰라요. 그래서 운동복 문제에 대해서 제 도움이 필요하신 거죠?
먼저, 우리에게 문제가 있다는 말을 들어서 유감입니다.
하지만 제가 좋은 해결책을 제안할 수 있으므로 걱정하지 마세요.
제 생각에 우리는 홍보 이벤트들을 소셜 네트워킹 웹사이트에서 해야 합니다. 인터넷에선 말이 빨리 퍼지니까 반드시 효과가 있을 거예요.

LEVEL 6 굳히기

If you don't like this suggestion, why don't we hold a promotion event in downtown? Then, more people can learn about our athletic clothing.

만약 이 제안이 마음에 들지 않는다면 시내 중심가에서 홍보 이벤트를 여는 건 어떨까요? 그럼 더 많은 사람들이 우리의 운동복에 대해서 알 수 있어요.

I hope you are satisfied with this suggestion.
Have a good day. Bye!

이 해결책이 마음에 들었으면 좋겠습니다.
좋은 하루 보내세요. 안녕히 계세요!

Do you agree or disagree with this following statement?
"Children in these days have less creative ideas than children in the past."
Give your reasons and examples to support your opinion.

당신은 다음의 문장에 찬성합니까 또는 반대합니까?
"요즈음 아이들은 과거 아이들에 비해 창의적이지 못하다."
당신의 의견을 뒷받침할 이유와 예시를 제시하세요.

● 모범 답안

I agree that children in these days have less creative ideas than children in the past. I have some reasons to support my opinion.
These days, most parents are working.
Also, most children are only-children.
They spend too much time doing homework in schools.
They don't have enough time to make new friends or exercise.
They need some time to release stress or learn social skill.
If there is a new system, children can learn useful skills.
When I was young, I studied the same subjects like others.
Now, I am looking for a job. I need to write a resume, a cover letter and prepare for a job interview.
But, it is hard for me to think creatively.
So, I agree with this statement.

● 해석

저는 요즈음 아이들은 과거 아이들에 비해 창의적이지 못하다는 데에 동의합니다. 저의 의견을 뒷받침할 몇 가지 이유가 있습니다.
요즈음 대부분의 부모들이 맞벌이를 합니다. 게다가, 대부분의 아이들은 외동입니다. 그들은 학교에서 그들의 숙제를 하느라 너무 많은 시간을 보냅니다. 그들은 새로운 친구를 사귀거나 운동을 할 시간이 충분하지 않습니다. 그들은 스트레스를 풀거나 사회성을 배울 시간이 필요합니다. 만약에 새로운 시스템이 있다면 아이들은 많은 유용한 기술들을 배울 수 있습니다.
제가 어렸을 때, 저는 다른 사람들과 동일한 과목들을 공부하였습니다.
현재, 저는 취업 준비 중입니다. 이력서와 자기소개서를 써야 하고 면접 준비를 하여야 합니다.
하지만, 창의적으로 생각하는 것이 저에게는 너무 힘이 듭니다.
그러므로 이 문장에 동의합니다.

● 어휘 resume 이력서   cover letter 자기소개서   think creatively 창의적으로 생각하다

ACTUAL TEST

Q1-2 문제 p.187

AT_2_Q1-2 🎧

If you are looking **for** / the **freshest fruits** / and **vegetables** / in
　　　　　　　2어동사 부사　　최상급　명사　　　　　명사

town, ↗ / **come** to **Franklin Market**. ↘ // You can **come** / with
명사　　　　동사　　고유명사　　　　　　　　　동사

your entire **family** / and **pick** / your own **cabbage**, ↗ / **carrot** ↗ /
　　　　　명사　　　　동사　　　　　　　명사　　　　명사

and **corn**. ↘ // And this **weekend** only, ↗ / you can **taste** / free
　　명사　　　　　　　　명사　　　　　　　　　　동사

samples of our famous **honey**. ↘ // Before you **leave**, ↗ / **don't**
명사　　　　　　　명사　　　　　　　　　　　동사　　　　부정어

forget to **visit** / our **Franklin Bakery** / to **enjoy** / our delicious
　　　　동사　　　　고유명사　　　　　　동사

desserts. ↘ //
명사

🔊 **발음 확인**

- vegetable [védʒtəbl] /붸지터블/
  윗니로 아랫입술을 살짝 문 상태에서 소리를 울리며 /v/ 발음을 주의하며 발음해 주세요.
- cabbage [kǽbɪdʒ] /캐비쥐/
  마지막에 /쥐/ 발음할 때 입술을 앞으로 내밀고 발음해 주세요.
- dessert [dɪzɜ́ːrt] /디줘-얼트/ /z/ 발음을 주의해서 발음해 주세요.

🟢 **해석** 만약에 당신이 우리 동네에서 가장 신선한 과일과 야채를 찾고 있다면, 프랭클린 마켓으로 오세요. 당신은 당신의 일가족과 같이 오셔서 당신만의 양배추, 당근 그리고 옥수수를 고를 수 있습니다. 그리고 오직 이번 주에만, 당신은 우리의 저명한 꿀을 샘플로 맛 볼 수 있습니다. 떠나시기 전에는 저희 프랭클린 제과점에 들르셔서 맛있는 디저트도 즐겨 보세요.

🟢 **어휘** entire 전체의　taste 맛 보다　don't forget to ~할 것을 잊지 마세요

Good **evening**, ↗ / **Edison Fashion** shoppers. ↘ // This **month**
　　　명사　　　　　고유명사　　　　　　　　　　　　　　명사

only, ↗ / we're **offering** / a **discount** / on **tailoring** service / to
　　　　　　本동사　　　　명사　　　　첫 명사

customers / who **make a purchase** / over **fifty** dollars. ↘ // All
명사　　　　　　동사　　　명사　　　　　숫자

alterations / can be **finished** / in the **store** / within one **hour**. ↘
명사　　　　　　本동사　　　　명사　　　　　　명사

// We can **offer** / **service** / on any **kinds** of **clothes** / such as
　　　　　동사　　　명사　　　　　명사　　　명사

dresses, ↗ / **trousers** ↗ / or **jackets**. ↘ // To find **out** more / about
명사 a　　　명사 b　　　명사 c　　　　2어동사 부사

the **service**, ↗ / **talk** / to the **staff** / **wearing** / a **uniform**. ↘ //
명사　　　동사　　　명사　　　동사　　　명사

🔊 **발음 확인**

- tailoring [téɪlərɪŋ] /테일러링/ 수선
  혀의 앞부분으로 입천장의 가운데를 치면서 /t/ 발음을 해 주세요.
- purchase [pɜ́ːrtʃəs] /퍼-얼춰쓰/ 구매
  chase/췌이스/ '뒤쫓다라는 단어 때문에 /펄췌이스/(X)라고 발음하는 경우를 종종 봅니다. /퍼-얼춰쓰/라는 발음하는 것 기억해 두세요.
- trousers [tráʊzərz] /트롸우절즈/
  중간에 /z/ 발음을 할 때 입을 양 옆으로 벌리고 윗니와 아랫니를 좁게 하여 /z/ 소리를 제대로 내면서 발음해 주세요.

🟢 **해석** 안녕하세요, 에디슨 패션 쇼핑객 여러분. 오직 이번 달에만, 50달러 이상 구매고객에게 수선 서비스 할인을 제공합니다. 모든 수선은 가게 안에서 한 시간 이내에 완성됩니다. 저희는 드레스, 바지, 자켓과 같은 다양한 옷에 관하여 서비스를 제공합니다. 서비스에 대해서 더 알고 싶으신 분은 유니폼을 입고 있는 저희 직원에게 문의해 주십시오.

🟢 **어휘** offer a discount 할인을 해 주다　make a purchase 구매하다　within ~ 이내에

This is a picture of a café.	이 사진은 카페 사진입니다.
In the middle of the picture, four people are sitting at a table.	사진의 중앙에, 4명의 사람들이 테이블에 둘러 앉아 있습니다.
They're all wearing suits.	그들은 모두 정장을 입고 있습니다.
One of them is holding some paper.	그들 중 한 명은 종이를 들고 있어요.
He is talking.	그는 말하고 있어요.
The others are listening to him.	다른 사람들은 그의 얘기를 듣고 있어요.
One of them is a woman.	그들 중 한 명은 여자입니다.
Two men are wearing glasses.	2명의 남자들은 안경을 쓰고 있어요.
They're all smiling.	그들은 모두 웃고 있어요.
On the table, I can see a laptop computer and some cups.	테이블 위에는 노트북 컴퓨터와 컵들이 있어요.
It seems like they're having a meeting.	그들이 회의를 하고 있는 것처럼 보입니다.

Q4-6 문제 p.189　　　　　　　　　　　　　　　　　　　　　　　　AT_2_Q4-6

Imagine that a British marketing firm is doing research in your area. You have agreed to participate in a telephone interview about coffee shops.

Q4. **How far away is the nearest coffee shop from your school or workplace?**

It takes about 10 minutes on foot. I often visit there and buy some coffee to go.

Q5. **Do you like to buy some cookies or cakes when you buy some coffee? Why or why not?**

Yes, I do. It goes well with coffee.

Q6. **If there is a new coffee shop in your town, what is the most important thing? Why?**
- Fast service
- Various menu
- Comfortable seating area

For me, various menu is the most important. The reason is that I get sick and tired of the same menu very easily. If there is a various menu, I can taste new menu whenever I visit there. I can be a regular customer. So, various menu is the most important.

해석 영국의 한 마케팅 회사에서 당신 지역에서 설문조사를 실시하고 있다고 가정해 보세요. 당신은 커피숍에 관한 전화 인터뷰에 응하기로 동의하였습니다.

당신의 학교나 직장에서 가장 가까운 커피숍은 얼마나 떨어져 있나요?
도보로 10분 정도 걸립니다. 저는 종종 그곳에 방문하여 테이크 아웃 커피를 삽니다.

당신은 커피를 구매할 때, 쿠키나 케익 종류를 같이 구매하는 것을 선호하나요? 왜죠?
네, 좋아합니다. 그것은 커피와 잘 어울립니다.

만약에 당신의 지역에 새로운 커피숍이 생긴다면, 다음 중 무엇이 가장 중요한가요? 왜죠?
– 빠른 서비스
– 다양한 메뉴
– 편안한 좌석 공간
저에게 있어서는 다양한 메뉴가 가장 중요합니다. 이유는 제가 같은 메뉴에 매우 쉽게 싫증을 느끼기 때문입니다. 만약에 다양한 메뉴가 있다면, 저는 그곳에 방문할 때마다 새로운 메뉴를 맛볼 수 있습니다. 저는 단골이 될 수도 있습니다. 그러므로 다양한 메뉴가 가장 중요합니다.

어휘 to go 테이크아웃 하다　go well with ~와 잘 어울리다　get sick and tired of ~에 싫증이 나다　taste 맛 보다

7th Agriculture and Technology Conference
November 5th
Sunny Hill Hotel
Fee: $70 in advance, $100 at the door
비용: 사전예약 시 70달러, 현장구매 시 100달러

Schedule

8:30 a.m. - 9:00 a.m.	Registration (pastry, coffee available) 등록 (제빵류와 커피 제공)
9:00 a.m. - 10:00 a.m.	Changes in agricultural technology 농업 기술의 변화들
10:00 a.m. - Noon	Introducing new technology (informational video) 새로운 기술 소개 (정보 비디오)
Noon - 2:00 p.m.	New products in market: Current Options 시장의 새로운 제품들: 현재의 옵션들
2:00 p.m. - 3:00 p.m.	Catered lunch (vegetarian options available) 캐터링 런치 (채식주의자 옵션들 있음)
3:00 p.m. - 4:00 p.m.	New technological ways for protecting crops 곡류를 보호할 새로운 기술적인 방법들
4:00 p.m. - 5:00 p.m.	Question and Answer Sessions 질의응답 시간

Narration

Hi, I'm very interested in attending Agriculture and Technology Conference but I don't have information about it. So, I was hoping to get some information.

●해석 안녕하세요, 저는 농업 기술 컨퍼런스에 관심이 있지만 정보가 없어서요. 정보를 좀 얻었으면 좋겠습니다.

Q7. Where will the conference being held and when will it begin?

It'll be held at Sunny Hill Hotel. It'll begin at 9 a.m. after the registration from 8:30 to 9 a.m.

어디서 컨퍼런스가 열리고 언제 시작하나요?
그것은 Sunny Hill 호텔에서 열릴 겁니다. 그리고 오전 8시 30분부터 9시까지의 등록 이후에 9시에 시작됩니다.

Q8. I heard that the cost is 70 dollars, right?

Actually, fee is 70 dollars in advance but 100 dollars at the door.

비용은 70달러라고 들었는데 맞나요?
사실, 비용은 사전 예약하면 70달러이지만 현장구매하면 100달러입니다.

Q9. I'm very interested in learning new technology in agriculture. Can you tell me detailed information that I can learn about the technology?

Sure, there are three sessions.
First, there is a session about Changes in agricultural technology from 9 a.m. to 10 a.m.
Second, there is a session about Introducing new technology, which is an informational video from 10 a.m. to noon.
And lastly, there is a session about New technological ways for protecting crops from 3 to 4 p.m.

저는 새로운 농업 기술을 배우는 것에 매우 관심이 있습니다. 제가 기술에 대해 알 수 있는 자세한 정보를 말해 주시겠어요?
물론이죠, 3개 세션들이 있습니다.
첫째, 오전 9시부터 10시까지 농업 기술의 변화들에 대한 세션이 있습니다.
둘째, 오전 10시부터 정오까지 정보 비디오 세션인 새로운 기술 소개 세션이 있습니다.
그리고 마지막으로 오후 3시부터 4시까지 곡류를 보호할 새로운 기술적인 방법들에 대한 세션이 있습니다.

Hello, it's Jennifer, the general manager of Sunshine Museum. Since you're my assistant manager, I think you're the right person to discuss about children's facility in our museum. As you know, our children's area hasn't been renovated for more than decade. Furniture and entertainment system such as toys and games are too old or out of date. Since many visitors are bringing their children to our museum, we have to renovate the area and replace furniture and entertainment system for children. The problem is, renovation companies' estimate exceed our budget. But, we really need to renovate the children's area. Since you have dealt with similar situation in the past, I really need your ideas. Please call me back with your plan at extention 253. Again, it's Jennifer.

○ 해석 안녕하세요, Sunshine 박물관의 총괄매니저인 Jennifer입니다. 당신은 부매니저니까 우리 박물관의 아이들 시설에 대한 문제를 상의할 적임자라 생각합니다. 알다시피, 우리 아이들 구역은 10년 넘도록 리모델링을 하지 않았어요. 가구랑 장난감이랑 게임들 같은 엔터테인먼트 시스템이 너무 낡거나 유행이 지났어요. 많은 방문객들이 그들의 아이들을 우리 박물관에 데려오니까 우리는 아이들을 위한 구역을 리모델링과 함께 가구랑 엔터테인먼트 시스템을 교체해야 해요. 문제는 리모델링 회사들의 견적이 우리의 예산을 초과합니다. 하지만 우리는 정말 아이들 구역을 리모델링 해야 해요. 당신은 이런 비슷한 상황을 과거에 다뤄본 적이 있으니까 당신의 아이디어가 정말 필요합니다. 내선번호 253번으로 전화해서 당신의 계획을 알려주세요. 전 Jennifer입니다.

○ 어휘 decade 10년 estimate 견적 exceed 초과하다 budget 예산

Hi, this is (이름), the assistant manager, calling about the children's area problem.
I understand that we're having a problem because our children's area is too old. We have to replace furniture, toys and renovate the area. However, we don't have enough budgets.
And, we don't know how to handle the problem.
So you need my help with the children's area problem, right?
First of all, I'm sorry to hear that we're in trouble.
But, please don't worry because I have a good suggestion to make.
I think we should hold fundraising events to collect money.

○ 해석 안녕하세요, 저는 부매니저인 (이름)으로, 아이들 구역 문제 때문에 전화했습니다.
우리 아이들 구역이 너무 낡아서 문제가 있다고 들었습니다. 가구, 장난감 등을 교체하고 리모델링을 해야 해요. 하지만 충분한 예산이 없어요.
어떻게 해결해야 하는지 몰라요.
그래서 아이들 구역 문제에 대해서 제 도움이 필요하신 거죠?
먼저, 우리에게 문제가 있다는 말을 들어서 유감입니다.
하지만 제가 좋은 해결책을 제안할 수 있으므로 걱정하지 마세요.
제 생각에 우리는 지금 모금 행사를 열어서 돈을 모아야 합니다.

LEVEL 6 굳히기

If you don't like this suggestions, why don't we use my uncle's renovation company? He can do the job within our budget.

만약 이 제안이 마음에 들지 않는다면 우리 삼촌의 리모델링 회사를 이용하면 어떨까요? 그는 우리 예산 내에서 일을 할 수 있습니다.

I hope you are satisfied with this suggestion.
Have a good day. Bye!

이 해결책이 마음에 들었으면 좋겠습니다.
좋은 하루 보내세요, 안녕히 계세요!

Do you think companies should encourage employees to use public transportation? Why or why not?

당신은 회사가 직원들로 하여금 대중교통을 이용하도록 권고하여야 한다고 생각합니까? 왜 그렇습니까?

모범 답안

I think that companies should encourage employees to use public transportation. I have some reasons to support my opinion.
Saving the environment is very important for people.
Saving the environment is easier than recovering damaged environment.
People should protect our environment for our children.
People need to use public transportation instead of driving their own cars.
When people use the subway, they can avoid traffic jam and they can be on time.
In my case, I commute to school by subway.
Subways are always on time.
I don't need to wait for a long time and I have never been late for school.
It helps me save time and money.
So, I think companies should encourage employees to use public transportation.

해석

저는 회사가 직원들로 하여금 대중교통을 이용하도록 권고하여야 한다고 생각합니다. 저의 의견을 뒷받침할 몇 가지 이유가 있습니다.
환경을 보호하는 것은 사람들에게 매우 중요합니다.
환경을 보호하는 것이 손상된 환경을 회복하는 것보다 더 쉽습니다.
사람들은 우리의 자손들을 위해 환경을 보호하여야 합니다.
사람들은 자가 운전을 하는 대신 대중교통을 이용하여야 합니다.
사람들이 지하철을 이용하면, 그들은 교통체증을 피할 수 있고, 시간에 맞춰 도착할 수 있습니다.
저의 경우에는 지하철로 학교를 통학합니다.
지하철은 항상 제시간에 옵니다.
저는 오래 기다릴 필요가 없고, 학교에 지각을 한 적도 없습니다.
그것은 제가 시간과 돈을 아낄 수 있도록 도와 줍니다.
그러므로 저는 회사가 직원들로 하여금 대중교통을 이용하도록 권고해야 한다고 생각합니다.

어휘 commute to ~를 통학하다   protect 보호하다   be late for ~에 지각하다

PAGODA 토익 스피킹

초급 / 개정판

토익스피킹, 처음부터 어렵게 공부하지 마라
토익스피킹 왕초보 학습자들에 꼭 맞는 현실적 학습 전략

- 면밀한 기출 분석을 바탕으로 PART 3&5 신(新)유형 출제 경향 완벽 반영
- 어려운 설명은 철저히 배제, 토익스피킹 초보의 눈높이에 맞는 쉽고 보기 편한 구성
- [기초 다지기]–[전략 마스터]–[실전 문제풀이] 한 권으로 원스탑 학습
- 모든 파트 실전 문제에 빈출 주제 반영, 레벨 5&6 보장 실전 적응력 배양
- 채점 포인트 저격, 어떤 문제가 나와도 적용 가능한 답변 템플릿

 MP3 무료 다운로드 www.pagodabook.com

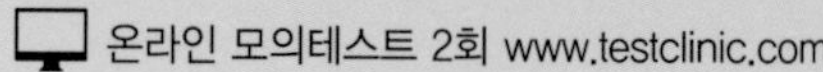 온라인 모의테스트 2회 www.testclinic.com